南昌起义军在广东

图 文 集

中共广东省委党史研究室 编

中共党史出版社

图书在版编目（CIP）数据

南昌起义军在广东：图文集 / 中共广东省委党史研究室编 . -- 北京：中共党史出版社，2024.10
ISBN 978-7-5098-6233-9

Ⅰ . ①南… Ⅱ . ①中… Ⅲ . ①南昌起义—史料 Ⅳ . ① K263.106
中国版本图书馆 CIP 数据核字（2022）第 252069 号

书　　名：南昌起义军在广东（图文集）
作　　者：中共广东省委党史研究室

出版发行：中共党史出版社
责任编辑：王兵
责任校对：申宁
责任印制：段文超
社　　址：北京市海淀区芙蓉里南街 6 号院 1 号楼　邮编：100080
网　　址：www.dscbs.com
经　　销：新华书店
印　　刷：北京尚唐印刷包装有限公司
开　　本：889mm × 1194mm　1/16
字　　数：200 千字
印　　张：15.25
版　　次：2024 年 10 月第 1 版
印　　次：2024 年 10 月第 1 次印刷
书　　号：ISBN 978-7-5098-6233-9
定　　价：98.00 元

本书编委会

主　审：王　涛

主　编：谢　涛

副主编：张丽红　叶浩豪

成　员：刘小花　莫春云　林运明

徐雪琴　邵　文　沈　翘

张羽佳　宋日文

目 录

概 述

1927年春夏，正当北伐战争节节胜利、工农运动蓬勃发展之际，国民党蒋介石集团、汪精卫集团相继背叛革命，血腥屠杀共产党人和革命群众，轰轰烈烈的大革命失败。在极为严峻的形势下，要不要坚持革命？如何坚持革命？这是摆在中国共产党面前的两个根本性问题。中国共产党果断发动了南昌起义，对此作出了初步而又明确的回答。

1927年8月1日凌晨2时，在以周恩来为书记的中共前敌委员会领导下，贺龙、叶挺、朱德、刘伯承等率领党掌握和影响的军队2万余人在南昌举行起义。经过4个多小时激烈战斗，起义军歼灭守敌3000余人，占领南昌城，取得了胜利。

南昌起义打响了武装反抗国民党反动派第一枪，用血与火的语言，宣告了中国共产党人不畏强暴、坚持革命的坚强决心。它在全党和全国人民面前竖立起一面革命武装斗争的鲜明旗帜，标志着中国共产党独立领导革命战争、武装夺取政权和创建人民军队的开端，是中国革命史上光辉的一页。

一、南下广东战略的制定

1927年8月3日至5日，南昌起义军按中央预定计划，开始分批撤离南昌，取道临川、宜黄、广昌，南下广东，以期恢复广东革命根据地，并占领出海口，取得国际援助，然后重新举行北伐。这个南下广东战略计划是由何而来？这还得从南昌起义决策说起。

1927 年 7 月中旬，根据共产国际执行委员会的指示，中共中央进行改组，由张国焘、李维汉、周恩来、李立三、张太雷组成中共中央临时常务委员会。随即，中共中央在湖北省委驻地召开会议，研究武装反抗国民党反动派的部署，准备组织中国共产党所掌握和影响的部分武装力量，联合国民革命军第二方面军总指挥张发奎，重返广东，建立新的革命根据地，实行土地革命，再次北伐。这是南昌起义前，中国共产党最初关于武装暴动的决定。为什么要选择拉拢张发奎同去广东？当时，中共中央主要出于两方面的考虑。一是长江流域及其北方已成为反革命混战的地方，不利于革命势力立足发展。相比之下，广东具有四个有利条件：地理条件优越；工农运动基础较好；经济较丰裕；交通方便。因此，决定夺取广东为革命根据地[①]。二是张发奎曾与中共有过“亲密”合作关系。北伐时期，张发奎部队是共产党员最集中的部队。仅在他部队任职的著名共产党人，就有廖乾五、叶挺、曹渊、蒋先云、许继慎、周士第、恽代英、高语罕、张云逸、卢德铭、叶剑英等。据苏联顾问库曼宁回忆：“到北伐后期，张发奎军队中有二千五百至三千名共产党员。”[②] 北江农军负责人龚楚也曾回忆道：“张发奎将军由汪精卫宣布‘国共和平分家’后，不但不将我们党的同志清除，反而收容被国民党驱逐出来的同志……我想起在武汉时流行的那一段传说：‘蒋介石屠杀共产党，朱培德遣送共产党，张发奎收容共产党’。”[③] 在共产国际眼中，张发奎是个典型年轻左派将领形象。苏联顾问认为，在蒋介石、唐生智之后，应选择支持张发奎。因为张发奎是一个年轻，有实力，且更加革命和更加活跃的人物[④]。同时，苏联军事顾问加伦[⑤] 也希望能联合张发奎一起回粤。基于此，中共当时力争张发奎，重回广东建立革命根据地。

可是，形势很快发生变化。在国民党中央常务委员会委员、中央政治委员会主席团委员汪精卫拉拢下，张发奎的态度开始右倾，并准备着手在军队中“清共”。7 月 20 日，李立三、谭平山、

---

① 刘伯承：《南昌暴动始末记》（1928 年 6—7 月），南昌八一起义纪念馆编：《南昌起义》，中共党史出版社 2009 年修订版，第 134 页。

② 《库曼宁回忆录》，转引自张侠：《南昌起义研究》，上海人民出版社 1982 年版，第 97 页。

③ 《龚楚将军回忆录（上卷）》，香港明报月刊社 1978 年版，第 75 页。

④ 中共中央党史研究室第一研究部：《共产国际、联共（布）与中国革命档案资料丛书》第七卷，中央文献出版社 2002 年版，第 36—37 页。

⑤ 1924 年 8 月苏联政府派到广州革命政府的军事总顾问。1925 年 7 月因患重病被迫回国，1926 年 5 月重返中国，一直工作到 1927 年 8 月。

邓中夏、叶挺、聂荣臻等人在九江举行第一次谈话会，首次提出“在南昌举行暴动”的建议。会议认为“张发奎态度犹豫与右倾，依靠张回粤，不可能成功，甚至反被敌所包围消灭。因此决定抛弃依靠张发奎政策，在军事上赶快集中南昌”[①]。这是中国共产党第一次明确提出在南昌举行起义。

7月24日，中共中央在武汉召开常委扩大会议，讨论并同意在九江同志的建议，决定在南昌举行武装起义，由周恩来、李立三、恽代英、彭湃组成中共前敌委员会，同时，派前委书记周恩来赴南昌领导起义。至此，中国共产党已确定在南昌举行起义。

关于起义后军事行动，中共中央延续之前计划，即重回广东建立革命根据地。这主要依据苏联军事顾问加伦的提议：“起义后部队的行动方向是：立即南下，占领广东，取得出海口，获得国际援助。”[②] 前委书记周恩来也力主南下广东。他认为南昌很难立足，主张部队移师广东东江。周恩来大革命时期曾在潮汕一带工作过，对那里的情况较为熟悉。他认为那里敌军军力较少，海陆丰一带农运基础很好，而且有汕头这个重要的海口，可以与苏联联络，获得国际援助[③]。另据刘伯承回忆：“军队在南昌暴动，单独打到广东去，打到广东的计议：（一）工农力量在东江的厚，（二）东江地形较北江平易，且敌军已集中于北江不能各个击破他，（三）东江海口便利，可望苏联接济，财政亦丰，（四）可以以福建为后方。因此，决定迅速的先取东江，充实力量，次取广州。”[④] 至此，南昌起义南下广东战略正式确定下来。

南下广东确定后，下一步就是讨论具体行军路线问题。关于南下的路线，也经过了一番争论。当时，主要有两种观点：一条是从吉安、赣州到东江这条大道，另一条是从临川、会昌一线到东江。刘伯承回忆道：

参谋团委员根据上述迅速的先取东江次取广州之决议，讨论是取道吉安、赣州取东江，或是取道临川、会昌取东江，结果决定由临川、会昌取东江，其理由是：

（1）吉安、赣州等地在上流方面，容易联合与集中的敌军将达四万（在粤汉道上李济琛

① 《李立三报告——八一革命之经过与教训》，南昌八一纪念馆编：《南昌起义》，中共党史出版社2009年修订版，第76—77页。

② 张国焘：《我的回忆》第二册，东方出版社1998年版，第273页。

③ 张国焘：《我的回忆》第二册，东方出版社1998年版，第271页。

④ 刘伯承：《南昌暴动始末记》（1928年6—7月），南昌八一起义纪念馆编：《南昌起义》，中共党史出版社2009年修订版，第134页。

[深]嫡系不在内)，我军兵力仅达二万(战斗兵员尚无此数)，逆流攻之难操胜算，且对南昌下流有张发奎等一万以上敌军追击的顾虑。临川、会昌路上仅有杨如轩、赖世璜不满三千之无力敌军，容易应付。即敌人从他处调兵击我，陆行同等困难，我可各个击破它。

(2)交通上赣江虽然比抚州河长，但同一上水，无多汽船可供使用，陆行则临川、会昌路线较直而短，迅速可到东江。

(3)江西农运均属不好，临川、会昌一带，较吉安、赣州一带尤为幼稚，如我军与集中之强敌相遇，望之扰敌均无把握，给养上，吉安、赣州一带比临川、会昌充分，但秋收时，临川、会昌路上并不困难。

(4)取道吉安、赣州接近湖南地境，与湖南农运力量自然容易联络，但迅速到达农运(基础)更好之东江，才是我们之目的。况此道最可虑的，我军湘籍军人占大多数，无政治认识者不少。有时时叛逃之可能[①]。

最后经军事参谋团决议，起义军选择沿临川、会昌一线南下广东东江地区。在实际行军的过程中，起义军选择这条路并不如预期的那么乐观。虽然沿线的敌军较少，但其间山路崎岖，行军异常艰苦。且沿途因国民党的反动宣传，许多村庄“十室九空”，部队补给十分困难。当时正值盛夏，酷暑难耐，行军途中出现了很多士兵逃跑、遗弃枪炮子弹等情况。特别是在进贤时，还出现了蔡廷锴的第十师整部脱离起义军的情况。8 月中下旬，起义军在瑞金壬田、会昌一带与前来堵截的国民党钱大钧、黄绍竑部遭遇，并发生激战。起义军三战三捷，取得战斗的胜利，但也暴露出新生的人民军队缺乏军事战斗经验的弱点，自身伤亡也很大。随后，部队集中到瑞金，对南下路线作出再次调整：改变原来沿寻乌南下行军路线，决定改道长汀、上杭，再入东江。

二、起义军南下广东后各方反应

中国共产党对南昌起义寄予很大希望，认为“我们军事的成败在此一举”[②]，期望“广东两湖

---

① 刘伯承:《南昌暴动始末记》(1928 年 6—7 月)，南昌八一起义纪念馆编:《南昌起义》，中共党史出版社 2009 年修订版，第 135 页。

② 《中共中央致广东省委信》(1927 年 8 月 4 日)，南昌八一起义纪念馆编:《南昌起义》，中共党史出版社 2009 年修订版，第 39 页。

三省的农民暴动都起来后，全国即可改变形势，进入到土地革命的新时期”[①]。特别是八七会议后，中共中央根据南昌起义部队南下广东的具体战略，将南昌起义与广东暴动的工作并列为一块。中央政治报告中有这样的表述：“八七党的紧急会议的政策即是暴动政策，此政策决定后我们的工作可分三部分”，其中一项就是“贺叶南昌起义及广东的农民暴动”[②]。

起义军南征后，中共中央多次致信广东省委，指示其配合南昌起义。1927 年 8 月 4 日，中共中央指示，广东省要全力在东江接应起义部队，设法与南昌起义前敌委员会互通声气，并强调：“我们军事的成败在此一举，请粤省特别注意，并迅速进行为要。”[③]

8 月 22 日，在未得知起义部队最新动态的情况下，中共中央再次指示广东省委，要求“东江须立即开始广大的暴动”，“对西江及南路亦须立即有军事的动作和农民暴动”，派出交通为起义军通消息并作向导等[④]。

共产国际、联共（布）得知南昌起义成功后，对部队动向十分关心。联共（布）中央政治局会议多次提到汕头和军事物资援助，并向南昌起义军派遣政治、军事工作人员。8 月 25 日，联共（布）中央政治局会议决定：“批准斯切潘诺夫和尼洛夫同志作为派往广东工作的人选，在最终弄清南昌暴动部队进军的命运前安排好这项工作。”同时，决定：“由中国委员会确定派往南昌部队的下列专业人员：联络员、机枪手、炮手和工兵以及五名不分兵种的师级首长。”并且，“由革命军事委员会在两周内在海参崴集中 500 万发步枪子弹和 1000 发炮弹”[⑤]。虽然共产国际提供的这些援助，最后起义军在潮汕并未能够获取，但是，我们不能因此否认共产国际曾有过援助南昌起义的实际行动。

南昌起义军南征直指广东，引起国民党方面极大震惊和惶恐。8 月 3 日，《汉口民国日报》

---

① 《中央政治报告》（1927 年 9 月 15 日），南昌八一起义纪念馆编：《南昌起义》，中共党史出版社 2009 年修订版，第 46 页。

② 《中央政治报告》（1927 年 9 月 15 日），南昌八一起义纪念馆编：《南昌起义》，中共党史出版社 2009 年修订版，第 46 页。

③ 《中共中央致广东省委信》（1927 年 8 月 4 日），南昌八一起义纪念馆编：《南昌起义》，中共党史出版社 2009 年修订版，第 39 页。

④ 《中共中央致南方局转广东省委信》（1927 年 8 月 22 日），南昌八一起义纪念馆编：《南昌起义》，中共党史出版社 2009 年修订版，第 44 页。

⑤ 中共中央党史研究室第一研究部：《共产国际、联共（布）与中国革命档案资料丛书》第七卷，中央文献出版社 2002 年版，第 23—24 页。

刊载了武汉国民政府发布的电令，指责共产党“到处煽乱，企图破坏国民革命”，下令张发奎、朱培德、唐生智等部“赶紧进剿”“严密兜截”“合力围剿”[①]。8 月 8 日，讨共第八路军总指挥部在韶关成立，以粤系军阀李济深为总指挥，黄绍竑为副总指挥，下辖中央军、左路军和右路军。由黄绍竑兼中央军总指挥，辖 2 个师；钱大钧为右路军总指挥，辖 4 个师；范石生为左路军总指挥，辖 2 个师，全力堵截起义军。9 月 11 日，第八路军总指挥部下达作战电令，要求各军于 25 日前集结于松口、梅县、畲坑之线，等起义军进入广东后“一举而歼灭之”[②]。

三、起义军在广东的革命活动

1927 年 9 月上旬，起义军即将进入广东。此时，部队经过一个多月长途跋涉，已十分疲惫，而且枪支弹药等物资十分缺乏。为此，周恩来专程去信向中央报告了《向潮汕进军的问题》，信中写道：“我方目的在先得潮汕海陆丰，建立工农政权”[③]。信中急切请求中央及共产国际尽快派遣人员及运送弹药、经费等来潮汕支援起义部队。

入粤前夕，关于起义军后进军东江计划，前委在福建汀洲再次进行详细讨论。当时有两方面的意见：第一种是主张以主力军由三河坝经淞口取梅县，再经兴宁、五华取惠州，以少部分军力（至少两个团）直趋潮汕。估计潮汕空虚，可以不战而取。然后，经潮汕再取兴宁、五华攻惠州。弊端是行军迂缓，敌人有集中兵力攻击我军的可能。第二种是主张以主力取潮汕，留一部分兵力于三河坝监视梅县之敌，再经揭阳出兴宁、五华取惠州。这种意见主要担心敌人死守潮汕，起义军攻不下潮汕的话，很难取得共产国际的援助。会上，大部分同志赞成第二种意见，于是照此意见决定了入粤后的进军路线[④]。

---

① 《贺龙叶挺犯南昌》，《汉口民国日报》1927 年 8 月 3 日。

② 《第八路军总指挥部作战电令》，南昌八一起义纪念馆编：《南昌起义》，中共党史出版社 2009 年修订版，第 485 页。

③ 《周恩来给中共中央的信——向潮汕进军的问题》（1927 年 9 月），南昌八一起义纪念馆编：《南昌起义》，中共党史出版社 2009 年修订版，第 70 页。

④ 《李立三报告——八一革命之经过与教训》，南昌八一纪念馆编：《南昌起义》，中共党史出版社 2009 年修订版，第 80 页。

（一）分兵三河坝

1927 年 9 月 18 日，起义军到达广东大埔。中共大埔县委派李明光、江碧群率领大埔县农民自卫军独立第一团第一连，前往粤闽边界的虎市迎接起义军并作向导引路。9 月 19 日，起义军进占三河坝。到达三河坝后，中共大埔县委又派人协助第二十五师到梅县城和北部的松口等地侦察敌情，提供后勤支援。二十五师政治部也派出工作队，在三河坝一带做群众工作，宣传党的政策，还把一部分枪支交给大埔县委和三河坝地区群众[①]。

按照汀州会议的决定，叶挺部第十军二十五师，朱德部第九军 3000 余人，由朱德率领留守三河坝，警戒梅县方面的敌军。起义军主力则向潮州、汕头进军。这就是起义军第一次分兵，即“三河坝分兵”。三河坝分兵后，起义军主力只剩 6000 余人，在一定程度上削弱了起义军的整体作战能力，从战术上来讲，留守三河坝的起义军与主力部队距离过远，失去了互相支援和配合的作用。

（二）潮汕七日红

9 月 23 日，起义军大部占领潮州，将司令部设于西湖公园的涵碧楼，同时成立潮安县革命政府——潮安县革命委员会。24 日，起义军主力从潮州城出发攻占汕头。起义军攻下警察总局，解除全部警察武装，救出了被扣禁的共产党员和无辜群众[②]。当时在汕国民党军政人员 300 多人闻风撤离，乘坐“泽生”轮和“山东”轮逃往香港。

在起义军进军潮汕过程中，得到当地党组织和民众积极响应和配合。为策应起义军，根据中共中央和广东省委指示精神，中共汕头地委书记杨石魂领导发动和组织民众，广泛散发传单，传播贺龙、叶挺率部胜利进军的消息；组织工人骚扰反动军警，鼓动群众挤兑汕头中央银行；组织潮汕周围各县农民攻打县城，并领导汕头工人破坏了潮汕铁路，使敌人无法从汕头调兵援助力量薄弱的潮州之敌。朱其华在《一九二七年底回忆》中写道：“潮州民众对于我们很拥护。潮州之所以能够不战而下，也是得力于民众的帮助。在我们还没有到潮州之前，敌人本要从汕头运兵到潮州来，转运到三河坝去，但潮汕铁路的工人自动罢起工来，民众自动的将潮汕铁路掘断了好些地

---

① 周士第：《起义中的二十五师》，南昌八一纪念馆编：《南昌起义》，中共党史出版社 2009 年修订版，第 287 页。

② 秦梓高：《“八一”南昌起义军入汕前后》，《广东党史》1997 年第 5 期。

方，以致敌人不能从铁路上调兵，而我们也就得兵不血刃而下了潮州。”[①]

9月25日，周恩来、贺龙、叶挺等起义领导人进驻汕头大埔会馆。广东省委派来接应的中共潮梅特委书记、汕头地委书记、中共广东区委秘书长赖先声很快来到大埔会馆，会见了前敌委员会书记周恩来，共同宣布汕头市革命委员会成立。赖先声任委员长，同时任命古汉忠为秘书长、李立三为公安局局长（后由徐光英代理）、郭沫若为潮海关监督兼汕头交涉员、刘伯承为军政学校校长、周逸群为潮汕警备司令、彭湃为东江工农自卫军总指挥。这些重要任命从政权、治安、外交、教育等多方面对革命委员会在汕头的治理作了计划和安排。

在此期间，革命委员会以第二方面军总指挥贺龙的名义发布了安民告示，内容是：

照得本部各军，富于革命精神。

此次南昌起义，原为救国救民。

转战千里来粤，只求主义实行。

对于民众团体，保护十分严谨。

对于商界同胞，买卖尤属公平。

士兵如有骚扰，准其捆送来营。

本军纪律森严，重惩决不姑徇。

务望各安生业，特此郑重申明[②]。

汕头市委协同革命委员会组织各方力量，迅速开展各项工作。一是市革命委员会组织接管旧政权，维持社会治安，组织复市复工。“指挥部的纠察队经常在街头上巡逻，秩序也恢复了”，还“着手恢复与扩大群众组织，市总工会和农民协会都设立了机关，挂出了牌子，开展工作了”[③]。政治保卫处着手镇压反革命分子，枪决了一些冒充起义军进行抢劫的匪徒。二是市革命委员会和起义军接管了《岭东民国日报》，出版套红的《革命日报》，登载中国国民党革命委员会委员名单和

---

① 朱其华:《一九二七年底回忆》，上海新新出版社1933年版，第337—338页。

②《国民革命军第二方面军总指挥贺示》，南昌八一纪念馆编:《南昌起义》，中共党史出版社2009年修订版，第35页。

③ 陈勉哉:《随八一起义军南下略记》，南昌八一纪念馆编:《南昌起义》，中共党史出版社2009年修订版，第365页。

革命布告[①]。三是市革命委员会着力发动工农和商会参加革命，该委员会在牛屠地召开了群众大会，周恩来、贺龙、叶挺等同志分别发表了慷慨激昂的讲话，鼓舞了工农群众的革命激情。群众高呼“打倒帝国主义！”“打倒反动派！”等口号。25 日，李立三和赖先声还代表起义军和市革命委员会召集市总商会人员开会，晓以革命大义，想通过分摊的办法筹措军饷 10 万元，以解决起义军给养。同时，起义军财政委员会还出布告，实行禁止银元出口，否则没收充公等财政金融管制措施。

9 月 26 日，中共中央临时政治局候补委员、临时南方局成员、广东省委书记张太雷奉中共中央指示，从香港秘密赶到汕头，在起义军总指挥部（即大埔会馆）召开南方局第一次会议。会上，张太雷传达了党的八七会议精神，要求取消起义军原用的国民革命委员会名义，改为苏维埃，将军队开往海陆丰，会合当地农民武装，改组为工农革命军。会议推举张太雷为南方局书记。

27 日，敌舰“飞鹰”驶入汕头港内，随行的还有“吉安”等两轮，上面载有一个团的兵力。与此同时，驶入汕头港内的还有英舰 6 艘、日舰 2 艘及美舰、法舰各 1 艘。英国和日本还以保护侨民为理由派出海军陆战队登岸。除了国民党军，外国军队也一直监视起义军行动，并时不时以军事行动进行威吓。在军情紧急的情况下，担任潮海关监督兼汕头交涉员的郭沫若与潮海关进行多方沟通，避免了外国军事势力对起义军的干涉。

起义军进驻潮汕期间，从政治、财政、外交等方面都积极开展工作，意欲以潮汕地区为根据地，长期经营，作下一步革命的准备。虽然，起义军最后在潮汕只停留了短短七天，但却开展了轰轰烈烈的革命活动，刮起了一股“红色旋风”，对当地革命活动产生了深远的影响，史称“潮汕七日红”。

（三）汾水战役

起义军进驻潮汕以后，国民党两广军阀李济深、黄绍竑重新纠集部队，集中全力从四面八方向起义军包抄过来。以陈济棠为东路军总指挥，率粤军主力三个师从广州向粤东推进；以黄绍竑率桂军主力两个师从粤北渡过韩江，绕道奔袭潮汕起义军后背；以钱大钧部滞留梅县，牵制留守

① 徐石林：《八一起义片段》，南昌八一起义纪念馆编：《南昌起义》，第 312 页；《八一起义军总指挥部——汕头大埔会馆》，中国社会科学院现代革命史研究室编：《南昌起义资料》，人民出版社 1979 年版，第 346 页。

三河坝的起义军。

9 月 25 日，国民党第八路各军在梅县集结完毕。敌总指挥部令其所属各军大部向丰顺、汤坑之线前进，向潮安攻击。具体部署为："一、东路军以一部进占丰顺城，主力于 9 月 27 日进占汤坑，与中央军取得联系后，即向白坟铺、潮安进攻；二、中央军由梅县经长沙墟、上罗衣至马头附近，于 9 月 26 日到达。与东路军取得联系后，即由黄金市进攻留隍，并设法渡过韩江左岸，断敌退路；三、右翼军以一部由西洋墟经白宫市、龙泉市、旗公岌至新渡墟，于 9 月 29 日到达，并设法渡过韩江左岸，以断退路，并以一部驻兴宁、松口警戒侧后，其余暂在梅县为总预备队；四、潮梅军在汤坑整顿，于 9 月 27 日向揭阳进攻，并固守揭阳城阻断前往海丰、陆丰之通路。俟东路、中央各军会攻潮安时，进攻潮安侧背。"[①]

从敌军部署可以看出，此时，敌新增的第十五军黄旭初师、吕焕炎师，陈济棠第十一师（缺 33 团）、新编第二师和第十三师等部，均已合围上来，并抢占丰顺、揭阳一线有利地形，在汤坑地区以逸待劳；黄绍竑两师直插起义军侧后。这样，在狭小的潮汕平原上，敌大军压境的形势已形成，情势对起义军非常不利。

然而，起义军对敌情并未掌握清楚。9 月 26 日，起义军在汕头进行了第二次分兵。以周逸群率第二十军第三师约 1000 人警备潮汕地区。在得知敌军已集结新的力量来"围剿"时，贺龙、叶挺匆忙率主力第十一军第二十四师，第二十军第一师、第二师约 6500 人进占揭阳。据叶挺回忆："将到潮州才知道黄绍竑所部七团已由江西直入平远，我们才决定占领潮汕后，即急回师以击此敌。"[②]

从时间来看，此时起义军已坐失良机。刘伯承就曾指出：如果起义军按照预定计划在潮州不停留，情况就会大不同了。因部队两个多月长途行军，很多将士到潮汕后，都想停留下来筹款休息，因而拖延了时间。原定 24 日集中揭阳，但到 9 月 27 日部队尚未完全集中[③]。这给了各路敌军完成围攻部署的充裕时间，造成敌之主力先我集中，先我占领有利阵地的不利局面。

从兵力的部署来看，此时，起义军不满万人，兵分三处：朱德、周士第率二十五师及第九军

---

① 《第八路军总指挥部作战电令》（节录），南昌八一纪念馆编：《南昌起义》，中共党史出版社 2009 年修订版，第 487 页。

② 叶挺：《南昌暴动至潮汕的失败》，南昌八一纪念馆编：《南昌起义》，中共党史出版社 2009 年修订版，第 130 页。

③ 刘伯承：《南昌暴动始末记》（1928 年 6—7 月），南昌八一起义纪念馆编：《南昌起义》，中共党史出版社 2009 年修订版，第 141 页。

约3000人驻守三河坝，与主力相隔四日行程，形成鞭长莫及、互难支援的两个部分。潮州为第二十军第三师的第六团和教导团各一部，共约1000人担任卫戍。第三师之六团，实际仅一个营留守汕头，梭巡于潮汕之间。起义军主力，即第二十四师（尚缺一部）[①]和第二十军第一、第二两师，名义上是三个师，实际兵力只有6000余人开赴前线[②]。

相比之下，敌军兵力占绝对优势。在三河坝方向，在梅县牵制起义军的敌钱大钧部约1万余人；在潮州方向，敌黄绍竑部2个师9000余人沿韩江直扑潮州；在揭阳方向，敌军陈济棠部东路军共3个师1.5万人，另敌潮梅警备司令王俊的警备旅也在向陈济棠部靠拢，总兵力达到2万多人。

此外，起义军自南征广东以后，长途行军，到潮汕已疲惫不堪，弹药缺乏，战斗力下降。而敌军以逸待劳，布好口袋正等着起义军往里钻。

9月26日傍晚，起义军第十一军第二十四师、第二十军第一师共约4000人到达揭阳城，敌王俊部已于上午向山湖退却。起义军顺利进驻揭阳城。揭阳县地方党组织和群众迎接贺龙、叶挺进入揭阳，并在进贤门外举行上万人参加的欢迎大会。叶挺在大会上作了长时间讲演。他着重向广大群众介绍了蒋、汪叛变革命后的形势和重建广东革命基地的意义。会场上人山人海，锣鼓喧天，盛况空前。从起义军进入揭阳盛大场面看，起义军在鏖战前夕，对敌情还不甚了解。

9月27日，总指挥部在揭阳接到不准确情报，以为敌王俊、黄绍竑部只有兵力1000多人集结于汤坑。于是，决定将驻揭阳的第二十四师和第一师全部调往汤坑方面，集中全力消灭这股敌人。事实上，向揭阳方面扑来的敌军是陈济棠指挥的东路军新编第二师、第十一师、第十三师三个生力军师，兵分两个纵队：薛岳的新编第二师和陈济棠的第十一师为一个纵队；徐景唐的第十三师（代师长）云瀛桥为一个纵队。薛岳的新编第二师已经到达距揭阳仅30公里的丰顺县汤坑镇，走在最后的第十三师距汤坑镇也只有一天的行程。黄绍竑指挥的中央军按预定计划越过丰顺县，占领隍圩，沿韩江直扑潮州，准备攻城。敌潮梅警备司令王俊的警备旅也已退至汤坑，与薛岳师会合。

9月27日午后1时许，起义军先头部队第二十四师行至距揭阳和汤坑各15公里的白石地

---

① 据刘伯承回忆，第24师一部由“叶挺派往普宁协助农军及留潮汕者约八百人”。

② 刘伯承:《南昌暴动始末记》(1928年6—7月)，南昌八一起义纪念馆编:《南昌起义》，中共党史出版社2009年修订版，第139页。

区，与敌王俊部警备旅相遇，起义军立即向敌发起攻击。经过 1 个多小时激战，将王俊旅击溃，溃敌向白石与汤坑之间的汾水方向败退。起义军跟踪追击稍有俘获。从俘虏口中得知，敌军已以大部分兵力由留隍直取潮州。贺龙于是急令周逸群指挥潮、汕卫戍部队死守潮州，并从普宁调回一个营到潮州增强防御力量；同时命令三河坝的第二十五师沿梅江袭击敌军左侧背，而主力则拟在速击破当面之敌后，由留隍尾随该敌驰援潮州。午后 3 时，起义军全部占领王俊部阵地。贺龙、叶挺指挥所转移至潭岭山。这时，薛岳的新编第二师在潭岭山西北的竹竿山布防。

起义军进攻的正面是一个低而狭窄的山谷，左翼竹竿山下已临近榕江北河，右翼迂回道路都在敌路北阵地射程之内的开阔地带。敌人火力十分密集，贺龙指挥部被迫数次转移位置。每次刚转移，就有数十颗炮弹落在原指挥所位置。28 日，双方展开激战。起义军数次冲上敌阵地前沿，因后续部队为敌火力封锁，虽勇猛坚持反复冲杀，总是不能突破敌阵地，激战直至深夜。午夜后，起义军一部由当地赤卫队员带路，迂回到敌军右翼，配合正面强攻。至 29 日凌晨，薛岳部渐渐支持不住，开始败退。起义军占领薛岳部竹竿山及右翼丘陵阵地，前锋部队乘胜向汾水村前进。

此时，奉李济深之命前来支援薛、王两部之第十一师陈济棠、余汉谋部，经增城、兴宁、丰顺，已在拂晓前到达汾水村，并占领有利地形，扼守高山。黎明前两军遭遇后，短兵相接。起义军阵地竹竿山北端，与敌阵地前沿制高点了望嵊，相距不足 500 米，中间只有一狭长小丘。整个上午，敌人多次集团冲锋，突至竹竿山前，均为起义军击退。双方反复冲杀，形成了拉锯战，打的十分激烈、残酷。傍晚，敌抽调前沿高地部队冲下山来，我军组织强力反击，把犯敌杀得尸横遍野，并乘残敌退上山之机，正面攻上了望嵊。而事先奉贺龙命令，由新寮村一带迂回至了望嵊侧后山地之叶挺部，也乘敌混乱之机，一举登上了望嵊右翼高地。敌陈济棠部伤亡严重，几乎支持不住，其第三十一团代理团长吴子泰被起义军击毙。随后，敌后援部队十一师部教导营，三十一团教导队接踵而至，相继投入战斗，激战至深夜。

此时，起义军连续苦战几场，已极其疲惫。起义军总指挥部鉴于官兵经过两天多浴血奋战，未突破敌人防线，遂发动夜袭。以第二十四师第七十一团、第七十二团担任突击任务，士兵齐上刺刀，乘夜冲入敌阵；以第一师、第二师担任火力掩护任务，在了望嵊阵地上以猛烈火力压制敌人，掩护突击部队行动。约定得手后，举火为号，尔后两军合力围歼敌军。9 月 30 日凌晨 3 时，行动开始。但突击部队两小时仍未见火焰。原来陈济棠部已发现起义军意图，将突入的起义军包围起来。这样，陷入包围的突击部队不得不奋力突围，一进一出，损失惨重。

汾水战役，起义军投入兵力6000余人，敌人总兵力近2万人。由于敌众我寡，经两天两夜激战，虽毙敌3000人，起义军也伤亡2000余人。且全军弹药几乎消耗殆尽，已无力再战，遂决定退出战斗。据刘伯承回忆说："两日夜之激战，我全军伤亡官兵2000余人，已无力再战，只得向揭阳退却。"[①]《李立三报告》也讲道：在汾水、汤坑之间，激战三昼夜，我军伤亡过多（二十四师之下级干部伤亡殆尽，二十军亦死团长2人）无兵补充，遂不得不下令退却[②]。

在第一师掩护下，起义军向揭阳退却。许多战士们带着惊奇不解的口气说："我们并没有打败，为什么要撤退？"但其实起义军已经元气大伤，陷入非常危险的境地。如不及时撤退，有可能再次陷入敌军包围之中。

撤出战斗以后，起义军决定由揭阳东退潮州。但因马牙渡渡河困难，行动迟缓，潮州已于30日傍晚被黄绍竑攻陷，后不得已联合留守汕头的革命委员会，拟向海陆丰退却。

（四）潮汕失守

起义军主力离开潮汕后，革命委员会仍留驻汕头，积极开展各项工作。同时派出高语罕、江董琴前往香港联络张发奎，企图暂时缓和关系，以便起义军集中主要力量对付李济深。第二十军第三师奉命警备潮汕，师长周逸群任卫戍司令，主要任务是固守潮州、汕头，严防敌从陆上、海上发起的攻击，确保起义军后方安全。

第三师受领作战任务后，集中兵力，以潮州城北为主要的防御方向，坚决扼守竹竿山至飞鹅岭之线。9月24日，第三师向各团下达作战任务：以第六团大部和教导团1个总队守备潮州；以一部兵力进驻汕头；特务营在潮州城北集结，作为预备队，师部直接指挥。此外师部还派出2个侦察组，前出到留隍方向侦察敌情。但留守潮、汕的第三师，力量十分薄弱。看起来是1个师建制，实际上仅2个团，即第六团和教导团。其中教导团在会昌战役中减员较大，一直未得补充，病号很多，全团能参加战斗的仅600人。第六团几乎全由新兵组成，在会昌战役中损失也很

---

① 刘伯承：《南昌暴动始末记》（1928年6—7月），南昌八一起义纪念馆编：《南昌起义》，中共党史出版社2009年修订版，第141页。

② 《李立三报告——八一革命之经过与教训》，南昌八一纪念馆编：《南昌起义》，中共党史出版社2009年修订版，第80页。

大，比教导团的力量还要弱。此外，还要经常派出大部兵力外出执行打民团、捉土豪劣绅、剿匪等任务。据当时在教导团担任队长的赵�回忆：城内所留仅 1 总队，除病假以外，只有 100 余人。当时城内连哨、军事哨以及重要机关的卫兵，都归这 100 多人担任，根本顾不过来[①]。

25 日，代理师参谋长苏文钦与师长周逸群轮流到一线，督促指导部队做好防御准备。担负防御任务官兵迅即开始构筑工事，并在敌人可能来袭的交通要道设置路障，扫清射界。26 日，部署在竹竿山阵地部队报告，该部所担任的防线太宽，兵力难以分配，形成了空隙。师长周逸群接到报告后，当即命令特务营营长黄振常抽调 1 个连增强该阵地的防御力量。同时，代理参谋长苏文钦起草了个布告，佯称起义军在竹竿山附近一带埋有地雷，严禁老百姓通行。布告分贴在竹竿山前和潮州城内，以欺骗敌人。

27 日，第三师收到贺龙、叶挺发来急电：敌钱大钧部已与我松口守军接触。敌黄绍竑部的先头部队正向留隍方向前进；我主力部队正从揭阳出发，向汤坑方向挺进；第三师务必固守潮州，以巩固我军后方[②]。

29 日，第三师侦察人员报告：黄绍竑率所部 2 个师，于当日下午 2 时由韩江左岸向潮州前进，其先头部队距潮州仅 9 公里。同日下午，第三师又接起义军主力方面贺龙、叶挺急电：敌黄绍竑率 2 个师沿韩江左岸向潮州前进，企图进犯潮州；第三师务必固守潮州，如果弃守，决以军法从事，至要，至要！[③] 第三师接电后，即命特务营营长黄振常派 1 个连，乘小火轮溯韩江而上，择机在韩江右岸登陆，对敌侧击，迟滞黄绍竑部向潮州进犯，以争取时间。下午 4 时左右，特务连乘坐小火轮刚驶出潮州 5 公里，被敌人发现。敌人开枪射击，该连官兵英勇还击。但因敌方火力密集，该连 5 名战士负伤，1 名战士牺牲，难以登岸。该连连长不得已下令驾驶员调转船头驶回潮州。

30 日上午 9 时，敌黄绍竑部先头部队与教导团第三总队接触。敌炮兵开始向竹竿山、飞鹅岭阵地射击，炮火猛烈。起义军配置在飞鹅岭炮兵阵地的 2 门山炮，集中火力予以还击。11 时，敌人组织了敢死队，在炮火掩护下整队整队地向起义军阵地发起冲击。起义军官兵沉着应战，英

---

① 赵�：《关于南昌暴动中二十军的斗争情况报告》，南昌八一纪念馆编：《南昌起义》，中共党史出版社 2009 年修订版，第 103 页。

② 苏文钦：《潮汕作战失败纪实》，南昌八一纪念馆编：《南昌起义》，中共党史出版社 2009 年修订版，第 428 页。

③ 苏文钦：《潮汕作战失败纪实》，南昌八一纪念馆编：《南昌起义》，中共党史出版社 2009 年修订版，第 428 页。

勇还击，击退敌敢死队连续3次冲锋。敌人伤亡惨重，但起义军官兵也遭受很大伤亡。

据第三师师长周逸群回忆："待至三十日上午九时，敌人才与先头部队教导团之第三总队接触。至十一时，敌人猛然向我攻击，始命第一总队增援，以二总队扼守铁道，一面电调第六团。"[①]

鉴于敌我力量对比悬殊的情况，周逸群决心放弃汕头，调守备汕头的部队增强潮州防御。于是，第三师代理参谋长苏文钦立即亲笔起草份急电发往汕头，命令该部立即兼程赶来潮州增援，限令下午3时前到达，如有违误，决以军法从事。

黄绍竑在指挥2个师进攻潮州时，命吕焕炎的第四师全部及黄旭初的第六师一部从潮州城北实施正面攻击，另由第六师副师长许宗武率该师一部向城西南的枫溪火车站迂回攻击。下午3时许，正面争夺异常激烈之际，许宗武率部绕到枫溪火车站，切断潮州与汕头的联系并从背后向守卫潮州的起义军发起进攻。

3时半，起义军第三师弹药耗尽，腹背受敌，陷入敌人重重包围中，被迫放弃阵地奋力突围。当时，天正下着毛毛细雨。混乱中，周逸群与部队失散，他身边仅数十人跟着一起突围。经过艰苦搏斗，下午5时多才冲出城外，沿河边退却。行至数公里，遇到被敌人打散的第六团第四连。该连奉命从汕头驰援潮州，一到潮州便被包围，刚刚从重围中冲杀出来。周逸群突围以后，获悉主力部队已经失利，只好改装潜行，后由汕头乘轮船转赴上海。

第三师余部撤出战斗，奋力冲出敌人包围，赶到城东码头渡过韩江。这支四五百人的突围部队，在教导团参谋长周邦采带领下，前往三河坝与朱德率领的第九军和第二十五师会合。

汕头方面，9月27日至28日，敌海军军舰在英、美、法、日等国军舰保护下，向岸上猛烈炮击，并企图登陆。守备汕头的起义军官兵英勇抗击，使敌人不敢登岸，敌军舰只好在29日早晨驶出港口。

但在与潮州的联系被黄绍竑部切断之后，汕头就失去依托，无法坚守。汕头失守之前，前委、革委领导机关的主要成员周恩来、恽代英、刘伯承、林伯渠、吴玉章、聂荣臻、郭沫若等都在城内。在大炮轰响、战火纷飞的时刻，他们沉着冷静地指挥战斗。敌人海军在舰炮火力掩护下，组织突击队蜂拥上岸，向市区冲击，革命委员会警卫团与他们展开了激烈的巷战。为了避免

---

① 《周逸群报告——关于南昌起义问题》，南昌八一纪念馆编:《南昌起义》，中共党史出版社2009年修订版，第117页。

损失，起义军于10月1日凌晨2时，决定放弃汕头向普宁撤退。至此，汕头也告失守。

（五）血战三河坝

三河坝位于广东大埔县境内，是梅江、汀江、韩江的会合口，地形险要，历来为兵家必争之地，素有“得此控闽赣，失此失潮汕”的说法。朱德率第九军及第二十五师奉命驻守三河坝。在起义军主力刚刚离开三河坝不久，曾在赣南会昌吃了败仗的钱大钧卷土重来，又纠集了第十八师、新编第一师、新编第二十师3个师2万余人，气势汹汹地往三河坝扑来。

面对强敌，正面交锋肯定是不明智的。10月1日，朱德带着第二十五师师长周士第等，仔细地察看了三河坝的地形，发现部队驻地数面临水，一旦战斗，必将背水而战，这是兵家大忌。于是朱德果断作出应敌对策：将部队转移到三河坝对岸的笔枝尾山、龙虎坑、下村一带抢占有利地形，连夜构筑防御工事，同时，把指挥所设在龙虎坑东边高地。朱德、周士第、李硕勋等都在这个指挥所，准备随时迎击敌人。

参加三河坝战斗的第七十五团团长廖运周后来回忆当时情景时说：“第二天午后，朱德在河滩竹林旁边，召集全师官兵讲话。他和士兵一样，背着小斗笠，穿着短裤和草鞋给人一种非常温厚和朴实的感觉。朱德同志动员我们：要坚守三河坝，牵制敌人兵力，为向海陆丰进军的我军创造有利条件（当时我军已占领了潮汕）。同时他指出：我军绝大部分都是农民出身，革命的军队必须与农民结合，才能取得革命胜利。他号召我们要发扬会昌歼敌的精神，保持铁军的荣誉，战胜来犯敌人。”①

朱德还仔细地讲解了如何构筑工事，如何防守阵地；对渡江的敌人，什么时候打，怎样打最为有利。听讲的军官对朱德坚定的胜利信心和渊博的军事知识十分敬佩。

布防方毕，钱大钧就带着经过补充的3个师10个团约2万人扑来。敌军到达三河坝后，在对岸架起几十挺机枪，与起义军隔江对峙。

夜幕降临，敌人从渡口抢来十几只民船，在半夜顶着浓重夜幕开始偷渡。朱德斜靠在笔枝尾山主阵地的战壕里，一声不响地注视着江面。当敌人的木船行到江中，早在滩头阵地上严阵以待

① 廖运周：《回忆南昌起义前后的七十五团》，南昌八一纪念馆编：《南昌起义》，中共党史出版社2009年修订版，第307页。

的起义军战士遵照朱德“半渡而击”[①] 的指示，一齐开火。钱部大部分船只被击沉，剩下的几条逃回了对岸。

第二天，钱大钧又命令从韩江上游驶来的几十条民船，与正面配合，同时强渡。当敌船划到河中间，起义军突然开火，一些敌船被击沉，一部分敌军爬上岸后，钻进滩头的竹林里。微弱的月光下，起义军团长孙一中，带领 6 个连的官兵，端着刺刀向敌军冲去。300 多名敌人乱作一团，有的被打死，有的被活捉。在战斗中，团长孙一中和营长蔡晴川身负重伤。

2 日下午时，战事稍息，起义军领导人朱德、周士第、游步瀛、李硕勋、陈毅等在三河坝前沿阵地竹林中召开军事会议，再次明确了掩护主力军战略意图，并对敌战术进行研究和部署。晚上，敌军继续打疲劳战，并试图安排一部分兵力渡过汀江，占据侧翼。但起义军有所防备，沉着伏击，敌军计划没有得逞。

10 月 3 日拂晓，韩江江面上浓雾沉沉。钱大钧抓住这个难得机会，乘着优势兵力，调集大批船只，在密集炮火的掩护下，分多路强渡韩江。一部分强渡成功后，抢占了第七十五团防守的滩头阵地，双方反复争夺，战斗一直僵持到午后。战斗中，七十五团三营营长蔡晴川已经负伤但仍坚守阵地，与敌火拼。

下午 3 时，钱大钧部又集中迫击炮和机枪作掩护，拼命进行攻击。起义军战士虽经昼夜激战，又已粮绝，但是仍坚持顽强拼搏。这时，另一股敌军强渡过江后，抢占了梅子岽一带，对起义军形成两面夹击，形势更为不利。当夜幕落下时，起义军已陷入对方的重兵包围中。

朱德认为，经过三天三夜的顽强阻击，大量地杀伤敌人，掩护主力进军潮汕的任务已经完成。起义军在激战中伤亡很大，为了保存实力，必须立即撤出战斗去追赶主力。于是下令，留下二十五师七十五团三营作掩护，其余部队交替掩护迅速转移。据周士第后来在《起义中的二十五师》一文中的回忆：“三河坝战斗进行的时候，我们还不知潮汕已经失守，起义军主力已经失败。我们当时认为守住这个地区对主力作战有利，因此坚持与兵力超过我们许多倍的敌人作战。激战三天三夜后，东文部、笔枝尾山都被敌人占领，我们已处于绝对优势敌人的三面包围之中，于是就决定退出战斗，拟经百侯圩、饶平到潮汕与主力军会合。”[②]

在三河坝战斗进行中，起义军还不知道主力战中失利，不知道潮汕已失守，为掩护主力部队

---

① 赵镕：《跟随朱德同志从南昌到井冈山》，《近代史研究》1980 年第 1 期，第 55 页。

② 周士第：《起义中的二十五师》，南昌八一纪念馆编：《南昌起义》，中共党史出版社 2009 年修订版，第 287 页。

作战，为保卫领导机关安全，面对数倍于己的敌军，他们坚守每一寸土地，许多官兵战斗到最后一息。第七十五团第三营营长蔡晴川率领全营官兵在掩护主力部队撤离三河坝过程中，几乎全部牺牲。

战斗过程中，当地党组织和人民群众积极支持起义军。周士第回忆："在战斗中，当地农民武装一百多人在龙虎坑、笔枝尾山、梅子崇与我们并肩战斗，共同杀敌；他们有些人在战斗中负伤、光荣牺牲。在战斗进行中，有些农民还燃放鞭炮，帮助我们迷惑敌人。战地附近村庄的群众，帮我们煮饭烧水，不顾生命危险，冒着敌人炮火送饭送水到阵地，还帮助我们送粮食，抬伤兵，掩埋牺牲同志的尸体。"①

三河坝战斗是起义军南下过程中打的最为惨烈的一场战斗。据当时的报载：江水被血染成红色，江面上漂满尸体，当地居民长时间都无法饮用江水……在三河坝战场遗址的祠堂墙壁上至今还保留着当年的标语"誓死杀敌"。新中国成立后，农民整理这块土地的时候，仍然发掘出几百位战士的遗骸。1963 年，为了缅怀牺牲的起义战士，广东省大埔县建立"八一起义军三河坝战役烈士纪念碑"，朱德亲自题写碑名，周士第撰写了碑文。

（六）撤向海陆丰

流沙，是广东普宁县的一个小镇。10 月 1 日，南昌起义前委等领导机关在撤离汕头后，到达流沙。与此同时，起义军主力在开往潮州过程中，得知潮汕失守的消息后，从揭阳渡过榕江至贵屿。3 日，到流沙镇与革命委员会及前委首脑机关会合。

3 日下午，在这个小镇的基督教堂，南昌起义前敌委员会召开了最后一次决策性会议，即流沙会议。参加会议的有前委周恩来、李立三、恽代英、彭湃，革命委员会谭平山、郭沫若、林伯渠，起义军主要将领贺龙、叶挺、刘伯承、聂荣臻等，以及中共汕头市委书记杨石魂等负责干部，共计二三十人。

会上，前委书记周恩来作了报告。当时，他正身染疟疾，发着高烧。他总结南下以来各次重大军事行动经验教训，传达中共八七会议精神和党中央关于起义军今后行动的决定，对善后工作做了安排：武装人员突围去海陆丰，非武装人员或随军行动，或就地分散，或分批从海上撤退。

---

① 周士第：《起义中的二十五师》，南昌八一纪念馆编：《南昌起义》，中共党史出版社 2009 年修订版，第 287 页。

他表示，要亲自到海陆丰竖起苏维埃的红旗。

在流沙会议进行中，起义部队正向云落前进。当时担任前卫的第二十军第一、第二师已过莲花山，而后卫部队第十一军二十四师还在流沙。此时，驻乌石的敌陈济棠部泰运团，在普宁果陇村大地主庄大泉的武装保安队的带引下，抢占了钟潭村后的莲花山。下午4时左右，接到敌军前来截击的情报后，参加会议领导同志立即随部队出发。

接近莲花山之时，敌军开始向起义军射击。敌军从高地冲锋而来，一时间起义部队陷入混乱，被截成两段。战至晚，二十四师各团、营、连多失联络，只得分别撤出战斗。李立三回忆："在流沙之西十里，便有敌人截击，遂溃败不可收拾。"① 起义领导人员被冲散后，只得分别突围。

冲出重围的第十一军第二十四师师长董朗、党代表颜昌颐带领1200人根据前委指示，转道惠来、甲子港进入海陆丰地区，与当地农民运动相结合，继续坚持武装斗争和土地革命。

第二十四师团长徐成章带领300人突围，经香港到海南岛，继续坚持革命。

第二十军第一、第二师与总指挥部和后续部队失去联系之后，在第一师师长贺锦斋等率领下，于10月3日经过流沙向西行进。当时，他们还不知道领导机关和第二十四师遭敌袭击已溃散，仍按计划向海陆丰开进。10月6日，进入陆丰县城后，遭到敌第十一师包围。大部分战士失散或被俘，只有少数官兵，包括第一师师长贺锦斋在内的100多人突围。贺锦斋突围后，辗转到上海，后遵照中共中央的指示，回湘西继续开展革命斗争。

南昌起义的重要领导成员中，贺龙、刘伯承、恽代英、林伯渠、吴玉章、徐特立、郭沫若、贺昌等，分别从汕头、甲子港、神泉等地，乘船出海，向香港、上海转移。贺龙后来回到了湘鄂西，依靠群众，开辟湘鄂西革命根据地，创立了红二方面军。刘伯承按照党的安排，去苏联学习。周恩来与叶挺、聂荣臻，在中共汕头市委书记杨石魂的陪同下撤退到海陆丰。周恩来带着重病做了大量复杂细致的组织工作，安排其他领导同志转移。处理完善后事宜，周恩来与叶挺、聂荣臻转移到了陆丰县南塘区黄厝寮村黄秀文家。作为中共南塘区委书记，他受党组织委托担负护送周恩来出海的重任。半个月后，周恩来、叶挺、聂荣臻在黄秀文的护送下，从金厢州渚村上船，乘风破浪，到达了香港，踏上了新的征途。后来，周恩来回上海参加中央领导工作，叶挺、聂荣臻则参加领导了广州起义。

---

① 《李立三报告——八一革命之经过与教训》，南昌八一纪念馆编：《南昌起义》，中共党史出版社2009年修订版，第80—81页。

（七）艰苦转战

10 月 3 日，朱德和周士第率领第二十五师约 2000 人，撤出三河坝后日夜兼程去追赶主力部队。当他们抵达饶平以北的茂芝，遇见粟裕、周邦采等人带领从潮安退下来的起义官兵 200 多人。这时，朱德等人才得知起义军主力在潮汕地区已经失败。

此时部队面临严峻局面。“这支部队的处境极端险恶。敌人的大军压境，麇集于潮汕和三河坝地区的国民党反动军队有五个多师，共约四万人左右，其势汹汹，企图完全消灭我军，扑灭革命火种。从内部来说，我们的部队刚从各方面会合起来，在突然遭到失败的打击之下，不论在组织上和思想上都相当混乱”①。面对这种情况，朱德沉住气，稳住军心，当机立断作出决断。如粟裕所说：“虽然下面的部队绝大部分都不是他的老部队，领导起来有困难，但在此千钧一发之际，他分析了当前的敌我情况，作出了正确的决策。”② 朱德同几个主要领导干部研究后，决定部队必须尽快离开这里，甩开敌人重兵，摆脱险恶的处境，否则，将会有全军覆没的危险。10 月 7 日上午，在茂芝全德学校召开会议，参加会议的有朱德、周士第、陈毅等 20 多人。会上，朱德介绍了起义军在潮汕失利的情况后，毅然决然地说：“我是共产党员，我有责任把‘八一’南昌起义的革命种子保留下来，有决心担起革命重担，有信心把这支革命队伍带出敌人的包围圈，和同志们团结一起，一直把革命干到底！”③

经过热烈讨论，他把大家的意见归纳为四条：“第一，我们和上级的联系已断，要尽快找到上级党取得联系，以便取得上级的指示。第二，我们要保存这支军队，作为革命种子，就要找到一块既隐蔽又有群众基础的立足点。湘粤赣边界地区，是敌人兵力薄弱的地方，是个不管的地带，这一带农民运动搞得早，支援北伐最得力，我们应当以此为立足点。第三，据最新情报看，敌人已从南、西、北方面向我靠拢，我们要从东北方向穿插出去。现在敌强我弱，我军又是孤立无援，所存弹药不多。行动上要隐蔽，沿边界避敌穿插行进。第四，要继续对全军做艰苦的政治思想工作，要发挥党团员、干部的先锋模范作用，坚决扭转对革命失却信心的混乱思想，安定军

① 粟裕：《激流归大海——回忆朱德同志和陈毅同志》，《人民日报》1978 年 12 月 1 日。
② 粟裕：《激流归大海——回忆朱德同志和陈毅同志》，《人民日报》1978 年 12 月 1 日。
③ 《一次重要的军事决策会议》，《饶平党史资料》1982 年第 1 期，第 4 页。

心，更要防止一些失败主义者自由离队，拖枪逃跑，甚至叛变投敌的严重事故发生。”[①]会议否决了少数同志关于解散队伍的提议，确定部队的行动方针为：隐蔽北上，穿山西进，直奔湘南[②]。

在进军途中，为保存革命火种，朱德、陈毅对部队进行了三次整顿。这就是天心圩整顿、大余整编、上堡整训。人们称之为“赣南三整”。与毛泽东领导的“三湾改编”相比，两者在时间上相近，在做法上类似，都取得了巨大成功，对以后整党整军都产生了极为深远的影响。

1927年12月间，这支部队从资兴南下，进入粤北，与范石生部达成协议，移驻韶关西北30里的犁铺头。他们这次开往广东，原来是按广东省委指示去支援广州起义。同时，中共中央给朱德送来了两封指示信，要求他率部联络北江的农军以及广州暴动后退往北江的队伍，参加北江区域的农民暴动，扩大和深入北江的土地革命，做成北江农暴的主要付力（原文如此——作者注），造成海陆丰农暴割据东江的同样的局面[③]。遗憾的是，朱德率部到粤北时，广州起义已失败，于是就在犁铺头进行休整训练。朱德对教导大队队长李奇中说：“就现在情况看来，我们像现在这样安定的机会不多，敌人总要打我们，我们总是要打仗的。可是以后打什么样的仗，仗怎么打，大家并不了解，我们要抓紧一切机会来训练部队，让他们经常学到新的作战知识才行。”在训练时，朱德自己讲课，他要求部队抛弃旧的队形，改为梯次配备的疏开队形，以减少密集队伍受到敌火力的杀伤；要求指挥员重视对敌情的搜索和侦察，不摸清敌人情况不动手；要求士兵除熟悉手中武器外，一定要做到不靠近敌人不开枪，打不中不开枪。他反复强调：“一定要让每个同志牢牢地记住，我们人少枪少，不能和敌人硬拼。我们要瞅住敌人的弱点，我们要注意避实就虚的游击战术。”[④]

1928年初，蒋介石发觉南昌起义军余部隐蔽在范石生部队里，立即下令要范石生解除起义军的武装，逮捕朱德。同时，方鼎英部从湖南进入粤北，监视起义军和范石生的动向。范石生接到蒋介石的密电以后，不忘与朱德的旧谊，信守协议，即写信派秘书杨昌龄前往犁铺头，告诉朱德，劝他立刻离去。在万分紧急的情况下，朱德立即率部脱离险境。他最初准备按照广东省委的意见，去东江同广州起义的余部会合。但部队刚到达仁化，突然发现国民党第十三军的部队正沿

---

① 《一次重要的军事决策会议》，《饶平党史资料》1982年第1期，第4页。

② 见1983年6月14日访问赵镕记录，转引自金冲及主编：《朱德传》，中央文献出版社2000年版，第109页。

③ 《中共中央给朱德并转全体同志的信（二）》（1927年12月27日），中央档案馆编：《南昌起义》，中共中央党校出版社1981年版，第67—68页。

④ 李奇中：《朱德同志教我们战斗》，《中国人民解放军三十年》初选稿，第1卷第1辑。

浈水开往仁化东面的南雄，切断了起义军前往东江的去路。朱德当机立断决定，在收集广州起义的一部分失散人员后，折向湘南。1928 年 1 月 5 日，朱德率部从广东仁化西移来到广东乳源县的杨家寨子（今属乐昌县），由此进入湘南。不久，朱德在湖南宜章、郴州等地发动湘南起义。

1928 年 4 月下旬，朱德、陈毅率领南昌起义余部和湘南起义农军上井冈山，与毛泽东领导的湘赣边界秋收起义部队胜利会师，点燃土地革命战争的燎原之火。

四、南昌起义对广东革命的影响

南昌起义是中国共产党领导的第一次大规模武装起义，它拉开了党武装反抗国民党反动派的大幕，标志着中国共产党独立领导革命战争、创建人民军队的开端，开启中国革命新纪元，其影响是巨大和深远的。其中，南昌起义军在南下广东期间，留下了宝贵经验教训，锻炼了新生人民军队，播撒了革命火种，对广东革命运动发展产生了深远影响。

（一）起义军南下广东战略失利，为中国共产党继续坚持革命提供了宝贵的经验教训

南昌起义南下广东遭遇军事上的失利，是悲壮的，也是惨痛的，这是起义将士用生命和鲜血换来的经验教训，对中国革命道路的探索也是一种贡献。正确认识南昌起义后南下广东战略，对全面准确地评价南昌起义的地位作用，总结中国革命的经验教训具有重大意义。

南昌起义后，中央作出起义军南下广东，直取东江，占领出海口，取得共产国际援助，建立以广州为中心的革命根据地，再行北伐的战略。这个战略失误，根本是源于当时尚未认识和掌握中国革命的特点和规律。这种错误在当时是无法避免的，因为它囿于党当时的认识水平。当时中共还是一个年幼的党。在共产国际的领导下，借鉴苏联城市武装起义经验似乎是当时唯一的选择。南下广东的战略，虽不能说就是城市中心论的产物，但也不能不说受到“城市中心论”的影响。

正是由于中共当时对中国革命战争的特点规律认识不够，照搬照抄苏联和北伐战争的经验，不懂得革命处于低潮、敌强我弱力量悬殊的条件下，中国革命应该到敌人力量薄弱的地方去，走农村包围城市的道路等。假如当时没有南下广东，而是从武汉转道湖南，发动两湖地区的农民群众；或者就在江西农村发动群众进行土地革命、武装斗争，结果可能不一样。正如周恩来后来所

指出的："它的主要错误是没有采取就地革命的方针，起义后不应把军队拉走，即使要走，也不应走得太远。当时如果就地进行土地革命，是可以把武汉被解散的军校学生和两湖起义尚存的一部分农民集合起来的，是可以更大地发展自己的力量的。但南昌起义后不是在当地进行土地革命，而是远走汕头；不是就地慢慢发展，而是单纯的军事进攻和到海港去，希望得到苏联的军火救济。假使就地革命，不一定能保住南昌，但湘、鄂、赣三省的形势就会不同，并且能同毛泽东同志领导的秋收起义部队会合。"①

用鲜血换来的教训是宝贵财富。此后，中央及南昌起义领导人开始反思南征广东以来在进军方向、军事指挥、土地革命、发动群众等诸多问题给起义军带来的失败，思考着今后的出路，并最终经过艰苦的探索，找到一条正确的革命道路。

（二）起义军余部转战粤北期间，在军队建设和游击战术等方面进行了有益探索

潮汕失利以后，南昌起义军余部在朱德、陈毅的带领下，开始了中国革命道路的初步探索。当时，部队的当务之急是解决去什么地方，怎样生存发展的问题，迫在眉睫的是迅速甩掉敌人重兵追击，寻找落脚点，保存党的革命武装，等待时机，以图发展。关键时刻，朱德等人在粤东山区饶平县上饶镇茂芝村及时召开会议并作出重要决策：继续举起南昌起义革命旗帜，保留南昌起义革命火种，开展武装斗争，"穿山西进，直奔湘南"，到敌人力量薄弱而群众基础比较好的湘、赣边界寻找落脚点，开展游击战。

茂芝会议具有重要历史意义：一是决定了军事战略，即不打硬仗，实行游击战；二是决定了生存战略，充分考虑到了利用军阀矛盾之间形成的空间；三是决定了发展战略，明确指向回湘南地区；四是奠定了避开城市、立足农村的思想基础。正是从茂芝会议确定的方向出发，这支部队转战千里，历经闽粤赣湘边境半年多的艰苦卓绝斗争，最后终于与毛泽东领导的秋收起义部队胜利会师。

在转战的过程中，朱德开始着手整顿军队，加强党对军队的领导，进行军事训练。除了"赣南三整"，朱德在犁铺头驻扎期间，亲自主持了军事训练。其间朱德提出：有把握的仗就打，没有把握的仗就不打，不打就"游"的开展游击战的军事思想。此外，还提出了"强敌进攻莫硬

① 周恩来:《关于党的"六大"的研究》，南昌八一纪念馆编:《南昌起义》，中共党史出版社 2009 年修订版，第 167 页。

打”“抓敌弱点我猛攻”“抓敌疲敌我围歼”“常遣精兵骚扰敌”[①]等战术原则。在训练中，把全队分为两个连，白天进行对抗演习，晚上部队以连、排为单位，分散到农村中去，发动群众打土豪。从这时起，开始实行由正规战向游击战的转变，部队不再打硬仗，而是打游击。打一仗就退几十里，有比较好的机会就休息几天。通过课堂学习及模拟训练，广大指战员提高了对游击战重要性的认识，初步熟悉了各种游击战术的要求，逐步适应了从正规战到游击战的思想转变，整个部队的游击战术水平得到了很大的提高。这些军事实践活动，可以说是中共初期建军思想、建军原则和建军制度的萌芽，在人民军队发展史上具有重要意义。

（三）南昌起义军在广东建立红色政权等革命实践活动，扩大了共产党的影响力，播撒了革命的火种

南昌起义军进入广东地区以后，广泛发动群众、开展武装斗争，宣传革命道理，扩大党的影响。起义军所到大埔、潮汕、揭阳、仁化、海陆丰等地，均留下了丰富的红色革命活动印迹。

首先是成立了多个红色政权。在汕头建立了汕头市革命委员会，公布土地政策，惩办土豪劣绅和反革命分子。同时，积极组织发动群众，开展武装斗争，赢得了群众的热烈拥护。在揭阳成立揭阳县工农革命委员会。在陆丰、海丰又成立了两县苏维埃政府。这些，都为中共日后的政权建设积累了有益经验。

其次是广泛宣传革命。起义军在入粤以后通过张贴布告、举办军民联欢大会、出版《革命日报》、派出工作队等多种宣传方式，广泛宣传南昌起义的政治纲领，号召各界人民行动起来，投入革命洪流，推翻国民党的反动统治。据目前统计，起义军在入粤期间留下《国民革命军第二方面总指挥贺示》《革命委员会布告》《中国国民党中央委员会宣言及政纲》等宣传资料。

最后，起义军在广东留下一批军事骨干和武器弹药，有利于推动广东革命活动的发展。起义失利以后，部队在大埔、揭阳新圩、潮汕、普宁等地留下了一部分枪支弹药。起义军余部1000余人在董朗、颜昌颐的率领下开往海陆丰地区，后扩编为工农革命军第二师，以董朗为师长，颜昌颐为师党代表，下辖第四团以及由海陆丰工农革命军编成的第五团。扩编后的红二师与当地的农民和民众一起，成为创建海陆丰革命根据地主力。另据统计，参加南昌起义的广东籍将士有

① 赵镕:《跟随朱德同志从南昌到井冈山》,《近代史研究》1982年第1期，第69页。

100 多位。起义失利以后，很多将士返回家乡，继续开展革命。比如，李光中（广东乐昌人，参加南昌起义。起义军在潮汕失利以后，他回到乐昌参加了朱德率领的湘南起义，任工农革命军乐昌独立营党代表，后又任中共乐昌县县委书记[①]）、宋华（广东佛冈人。南昌起义时在贺龙部第二十军第三师担任连指导员。潮汕失利后返回北江，11 月又奉命赴清远组织暴动，以配合广州起义[②]）。

总之，南昌起义军将士在广东各地播下了革命火种，为广东人民开展武装斗争、组建红军和创建革命根据地提供了有利的条件，为海陆丰等地开展武装斗争和创建革命根据地创造了重要条件。

① 肖燕燕:《南昌起义人物研究》，江西人民出版社 2009 年版，第 156 页。

② 肖燕燕:《南昌起义人物研究》，江西人民出版社 2009 年版，第 207 页。

第一章 挥师下南粤

1927 年春夏，正当国共合作的北伐战争节节胜利、工农运动蓬勃发展之际，国民党蒋介石、汪精卫集团相继背叛革命，血腥屠杀共产党人和革命群众，轰轰烈烈的大革命失败。在极为严峻的形势下，中国共产党以武装起义的实际行动果断发动南昌起义，打响武装反抗国民党反动派的第一枪。南昌起义打响后，部队并未在南昌作过多停留，而是于 1927 年 8 月 3 日开始分批撤离，一路南下广东。“南下广东”这一战略行动是早已谋划，还是起义后的临时决定？这还得追溯至南昌起义整个决策过程。

● 江西大旅社——南昌起义总指挥部

壹 “重返广东”的最初设想

1927年7月中旬，根据共产国际的指示，中共中央进行改组，由张国焘、李维汉、周恩来、李立三、张太雷组成中共中央政治局临时常务委员会。随即，中共中央在湖北省委驻地召开会议，研究武装反抗国民党反动派的部署，准备组织中国共产党所掌握和影响的一部分武装力量，联合国民革命军第二方面军总指挥张发奎，重返广东，建立新的革命根据地，实行土地革命，再次北伐。这是南昌起义之前，中共最初关于武装暴动的决定。这个决定初步明确了起义的武装力量和统战对象，也框定了起义目的地，那就是“重返广东”。

为什么要选择重返广东呢？这源于广东特殊的革命地位和诸多有利条件。

广东具有光荣的革命传统，是中国近代以来民主革命的策源地，也是中国共产党早期组织成立的地区之一。1924年，在中国共产党的推动和帮助下，国共合作的革命统一战线正式形成，开创了以广州为中心，汇集全国革命力量的反帝反封建革命新局面。大革命失败以后，中共把武装起义地点初定在了广东，主要出于以下考虑：长江流域及其北方已成为反革命混战的地方，不利于革命势力立足和发展。相比之下，广东具有四个有利条件：地理条件优越；工农运动基础较好；经济较丰裕；交通方便。因此决定，夺取广东为革命根据地[①]。

① 刘伯承：《南昌暴动始末记》（1928年6—7月），南昌八一起义纪念馆编：《南昌起义》，中共党史出版社2009年修订版，第134页。

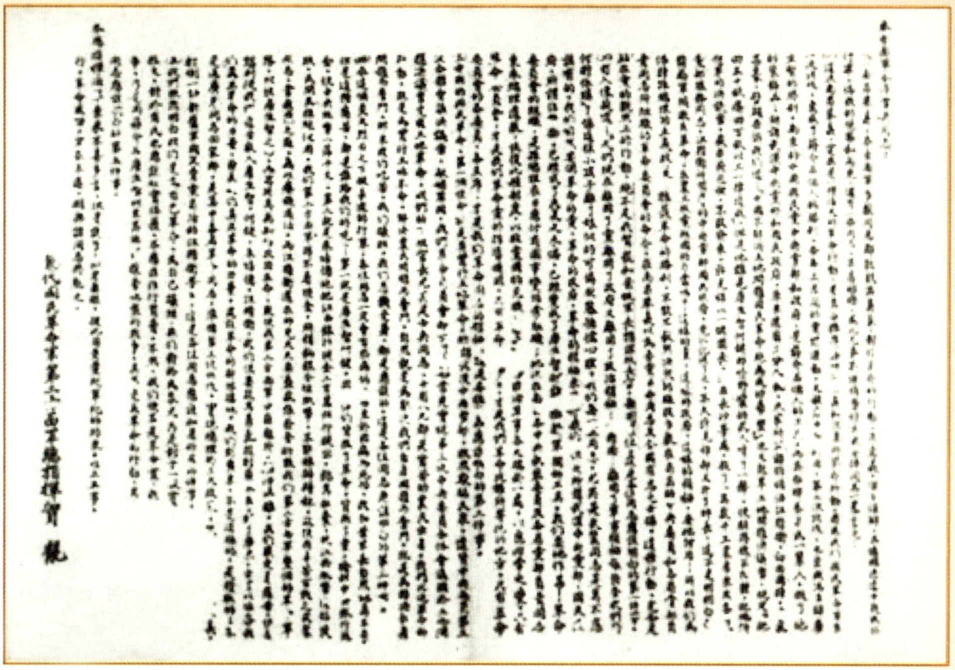

● 南昌起义部队南下广东途中发布的布告

为什么要联合国民革命军第二方面军总指挥张发奎？这是因为张发奎曾与中共的“亲密”合作关系。北伐时期，张发奎部队是共产党员最集中的部队。在他部队任职的著名共产党人，有廖乾五、叶挺、曹渊、蒋先云、许继慎、周士第、恽代英、高语罕、张云逸、卢德铭、叶剑英等。据俄顾问库曼宁回忆：“到北伐后期，张发奎军队中有二千五百至三千名共产党员。”① 北江农军负责人龚楚也曾回忆道：“张发奎将军由汪精卫宣布‘国共和平分家’后，不但不将我们党的同志清除，反而收容被国民党驱逐出来的同志……我想起在武汉时流行的那一段传说：‘蒋介石屠杀共产党，朱培德遣送共产党，张发奎收容共产党’。”② 在共产国际的眼中，张发奎也是一个典型的年轻左派将领形象。苏联顾问认为在蒋介石、唐生智之后应选择支持张发奎。因为张发奎是一个年轻，有实力，且更加革命和更加活跃的人物③。为此，中共统战对象就选定了张发奎，希望联合他的部队力量，一起重回广东。

① 《库曼宁回忆录》，转引自张侠：《南昌起义研究》，上海人民出版社 1982 年版，第 97 页。

② 《龚楚将军回忆录（上卷）》，香港明报月刊社 1978 年版，第 75 页。

③ 中共中央党史研究室第一研究部：《共产国际、联共（布）与中国革命档案资料丛书》第七卷，中央文献出版社 2002 年版，第 36—37 页。

贰 “南下广东”的战略决策

在 1927 年中国革命的分水岭上，形势风云突变。在国民党中央常务委员会委员、中央政治委员会主席团委员汪精卫的拉拢下，张发奎态度随之右倾，并准备着手在军队中“清共”。1927 年 7 月 20 日，李立三、谭平山、邓中夏、叶挺、聂荣臻等人在九江举行第一次谈话会，首次提出“在南昌举行暴动”的建议。会议认为“张发奎态度犹豫与右倾，依靠张回粤，不可能成功，甚至反被敌所包围消灭。因此决定抛弃依靠张发奎政

● 九江海关税务司官邸北楼——第一次九江谈话会旧址

策，在军事上赶快集中南昌”[①]。这是中共第一次明确提出在南昌举行起义。

这一建议于7月24日得到了中共中央的同意，并决定由周恩来、李立三、恽代英、彭湃组成中共前敌委员会，前委书记周恩来立即赶赴南昌领导起义。

● 海陆丰农民运动领袖、南昌起义中共前敌委员会成员彭湃

虽然起义选择在南昌举行，但是关于起义后的军事行动，中共中央并未改变初衷，而是延续之前计划，即重回广东建立革命根据地，取得共产国际援助，然后重新举行北伐。苏联军事顾问加伦提议："起义后部队的行动方向是：立即南下，占领广东，取得出海口，获得国际援助。"[②] 当时，起义领导层同样认为南昌很难立足，也主张部队移师广东东江。主要考虑是：那里敌军的军力较少，海陆丰一带农运基础很好，而且有汕头这个海口，可以与苏联联络，获得国际援助。

总的来说，当时中共中央选择南下广东的理由有：第一，广东有出海口，可直接获得苏联的武器和物资援助，北伐战争时期就从这里获得了苏联的支援。第二，工农运动的基础较好，这里是大革命的发源地，是北伐战争的根据地，有过蓬勃兴起的工农运动。第三，中共曾在广东地区领导过轰轰烈烈的工农运动，发动过北伐战争，对这里的情况比较熟悉。由此可见，南下广东战略，早在南昌起义之前中共中央就已经达成共识了，是中央的既定战略，而且认为是最佳的选择。

至此，南昌起义南下广东战略正式确定下来。

① 《李立三报告——八一革命之经过与教训》，南昌八一纪念馆编：《南昌起义》，中共党史出版社2009年修订版，第76—77页。

② 张国焘：《我的回忆》第二册，东方出版社1998年版，第273页。

● 海丰红场

● 海丰红场内的彭湃像

● 海丰红宫

叁 “南下广东”的部署实施

1927年8月1日凌晨2时，在以周恩来为书记的中共前敌委员会领导下，贺龙、叶挺、朱德、刘伯承等率领党掌握和影响的军队2万余人在南昌举行起义。经过4个多小时激烈战斗，起义军歼灭守敌3000余人，占领南昌城，取得了起义的胜利。

尤其值得一提的是，四一二反革命政变以后成立的北江（粤北）工农团军，执行中共北江特委的决定北撤湘南，于6月中旬抵达湖北武汉。大革命失败后，粤北工农团军800余人奉命抵达江西南昌，加入叶挺部

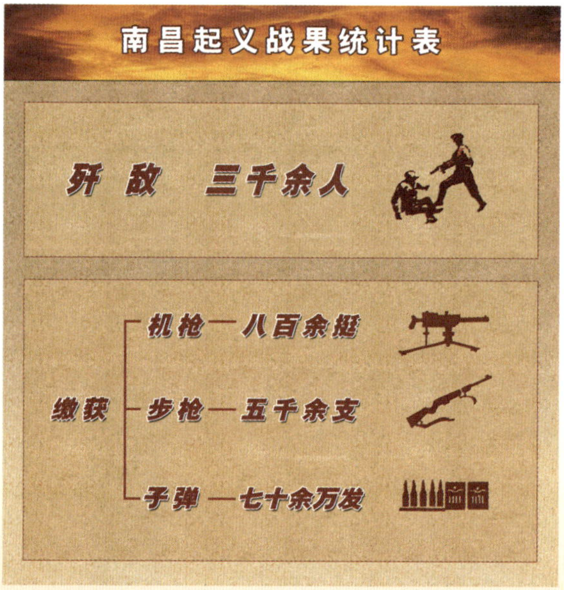

● 1927年8月2日，中国国民党革命委员会在皇殿侧公共体育场召开各界群众5万余人参加的就职典礼和军民联欢大会，庆祝起义胜利和中国国民党革命委员会的成立。图为皇殿侧公共体育场。

队教导团，参加八一起义，参与新营房战斗，后随起义军南征，参加壬田、会昌、山湖、流沙等战斗，以及担任前委领导人的保卫任务。

1927 年 8 月 3 日至 5 日，南昌起义军按中央预定计划，开始分批撤离南昌。起义军选择沿着临川、会昌一线南下广东东江地区。在实际行军过程中，起义军选择这条路并不如预期的那么乐观。虽然沿线的敌军较少，但是其间山路崎岖，行军异常艰苦。且沿途因国民党的反动宣传，许多村庄“十室九空”，部队补给十分困难。当时正值盛夏，酷暑难耐，行军途中出现了很多士兵逃跑、遗弃枪炮子弹等情况。特别是在进贤时，还出现了蔡廷锴的第 10 师整部脱离起义军的情况。8 月中下旬，起义军在瑞金壬田、会昌一带与前来堵截的国民党钱大钧、黄绍竑部遭遇，并发生激战。起义军三战三捷，取得战斗的胜利，但也暴露出新生的人民军队缺乏军事战斗经验的弱点，自身伤亡也很大。随后，部队集中到瑞金，对南下路线作出再次调整：改变原来沿寻乌南下行军路线，决定改道长汀、上杭，再入东江。

9 月 5 日至 11 日，起义部队先后到达了福建汀州。在此期间，前委在汀州再次详细讨论夺取东江的计划。当时有两方面意见：第一种意见是主张以主力军由三河坝经淞口取梅县，再经兴宁、五华取惠州，以少部分军力（至多两团）直趋潮汕。估计潮汕空虚，可以

● 粤北工农团军 1927 年 5 月 1 日在曲江城集结北上时的情景

● 粤北工农团军抵达武昌，驻扎在徐家棚的旧址

● 粤北工农团军从武汉乘船抵达江西九江登岸的恰和码头

● 1927 年 8 月 25 日，起义军在壬田遭遇敌钱大钧部堵截。经过 3 小时激战，击溃敌军，并乘胜占领了瑞金。图为江西瑞金壬田战斗旧址。

● 1927 年 8 月 30 日，起义军向集结在会昌的敌钱大钧部 4 个师发起猛烈进攻，将敌人大部分歼灭，并胜利攻占了会昌城。9 月 2 日，敌黄绍竑部 2000 余人，也在会昌被起义军击溃。图为会昌县城。

● 革命者来——南昌起义军长汀驻地墙上的革命标语

● 汀州古城墙

不战而取。然后，经潮汕再取兴宁、五华攻惠州。弊端是行军迂缓，敌人有集中兵力攻击我军的可能。第二种意见是主张以主力取潮汕，留一部分兵力于三河坝监视梅县之敌，再经揭阳出兴宁、五华取惠州。这种意见主要担心敌人死守潮汕，起义军攻不下潮汕的话，很难取得共产国际的接济。会上，大部分同志赞成第二种意见，于是按照此意见决定下了入粤后的进军路线[①]。即以主力取潮汕，留一部分兵力于三河坝；再经揭阳出兴宁、五华取惠州。

9月19日至22日，起义部队经过一个多月的长途跋涉，先后到达广东大埔县境内的三河坝。

与此同时，中共广东省委也做好了接应南昌起义军的准备。起义军南征后，中共中央多次致信广东省委，指示其配合南昌起义。1927年8月4日，中共中央指示，广东省要全力在东江接应起义部队，设法与南昌起义前敌委员会互通声气，并强调："我们军事的成败在此一举，请粤省特别注意，并迅速进行为要。"[②]

8月22日，在未得知起义部队最新动态的情况下，中共中央再次指示广东省委：

一、叶、贺之师须迅速到达目的地占领东江，迟则恐被李（济深）、张（发奎）、朱（培德）等联合围击，如能早拿住东江两个星期，则反客为主可以进击敌军夺取广州。

二、东江须立即开始广大的暴动，发表政治的口号为叶、贺内应。

三、为牵制李（济深）、黄（绍竑）军队起见，对西江及南路亦须立即有军事的动作和农民暴动。

四、省委须立即派出原路交通（步哨）与贺、叶通消息并为之作向导。[③]

由此可见，党在南昌起义爆发后制定出了具体的暴动大纲，并希望将南昌起义与秋收暴动结合起来，广泛地发动农民武装暴动，从而进入土地革命的新时期。

---

① 《李立三报告——八一革命之经过与教训》，南昌八一纪念馆编：《南昌起义》，中共党史出版社2009年修订版，第80页。

② 《中共中央致广东省委信》（1927年8月4日），南昌八一起义纪念馆编：《南昌起义》，中共党史出版社2009年修订版，第39页。

③ 《中共中央致南方局转广东省委信》（1927年8月22日），南昌八一起义纪念馆编：《南昌起义》，中共党史出版社2009年修订版，第44页。

文献资料

（一）中共中央致广东省委信

（一九二七年八月四日）

德福[①]同志：

……

最近中央报告如下：

……

（2）贺龙、叶挺军队已在八月一日早在南昌发动，已解决了六军、三军一部械。汪等本预备二日在九江开会，闻信回武汉发令讨伐贺龙、叶挺，并宣布共产党为叛徒，应明正典刑。张发奎态度如何未悉，惟他亦无法。我们原定计划是攻击朱军[②]后直奔东江，中央昨日会议决令粤省委即刻以全力在东江接应。中央组织前敌委员会，指挥前敌一切事宜，以恩来、立三、代英、彭湃四人组织之，请设法与之互通声气以便进行。我们军事的成败在此一举，请粤省特别注意，并迅速进行为要。

——南昌八一起义纪念馆编：《南昌起义》，中共党史出版社 2009 年修订版。

① 德福是中共广东省委当时的代号。

② 朱军，指朱培德的第五方面军。

● 叶挺将军故居前雕塑

（二）中共中央致南方局转广东省委信——对敌人进攻叶贺军队的估计和对策

（一九二七年八月二十二日）

南方局转广东省委：

……中央对此有下列的决定：

一、叶、贺之师须迅速到达目的地占领东江，迟则恐被李（济深）、张、朱[①]等联合围击，如能早拿住东江两个星期，则反客为主可以进击敌军夺取广州。

二、东江须立即开始广大的暴动，发表政治的口号为叶、贺内应。

三、为牵制李、黄[②]军队起见，对两［西］江及南路亦须立即有军事的动作和农民暴动。

四、省委须立即派出原路交通（步哨）与贺、叶通消息并为之作向导。

总之，我们要假定在南伐的可能之下敌人对我们的围攻，而以敏捷的进取的战略消灭敌人。望兄处特别注意。此外中央已加紧督促两湖暴动的实现。湘鄂暴动中的实现，一方面即是对广东的声援。兹将湖北暴动实际计划及中央致湘省委信附来，可查阅。

——南昌八一起义纪念馆编:《南昌起义》，中共党史出版社 2009 年修订版

（三）中央通告第十三号——为叶贺失败事件

（一九二七年十月二十四日）

……

（二）叶贺南征的经过及其失败

南昌暴动后，叶贺军队从南昌经过抚州，瑞金，会昌，遇见钱大钧的及一部分黄绍竑的军队，与他们大战，结果，南昌暴动军虽然受了很大的损失，但是也打了很大的胜仗。会昌之后叶贺便未照预定计划直下寻乌，到梅县，竟改变途程折回汀州，上杭一带，再经大埔一直往潮汕去。但是等到叶贺军队到潮汕，敌人方面陈济棠，王俊，黄绍竑已从四面合围来攻击。

叶贺军队虽然在九月二十四日先锋即刻到汕头，汕头工农军也起来暴动，然而到九月

① 张、朱，即张发奎、朱培德。

② 李、黄，即李济深、黄绍竑。

三十日即被反动军队所逼，不得不抛弃汕头，而竭全力到汤坑去御战。这最后一次战斗，敌人方面有一万五千，我军只有五千，巷战一昼夜而我军竟完全解体。现在的情形是：二十五师一千余兵因到汕头时尚留驻三河坝，不久即被敌军隔断，现在退向闽边。汤坑之战败后，叶挺只余七八百人退甲子港而溃散。尚有贺龙二十军之第一二师二三千人奔往海陆丰，这部分的军官政治意识本甚模糊，离开大队之后，更是绝无目标的情形，竟要求李济深收编。

——中央档案馆编:《南昌起义（资料选辑）》，中共中央党校出版社 1981 年版

● 载有“南昌暴动始末记”的《刘伯承军事文选》封面

（四）《南昌暴动始末记》节选

我们的党曾经看见了长江流域及其北方皆已成为反革命混战所在，以广东（一）占军事地理上之优势，（二）工农运动之核心，（三）财政之丰裕，（四）交通之灵便等等，因决定以我们同志的军队规取广东为革命根据地，就组织一个前敌委员会，在军中指导一切。首先对张发奎犹未绝望，以为可以使之左倾，同到广东，及见汪精卫在九江拉拢了张发奎敌视我们，我们党才决定离开张发奎，将上一表内四部分军队在南昌暴动，单独打到广东去，打到广东的计议:（一）工农力量在东江的厚，（二）东江地形较北江平易，且敌军已集中于北江不能各个击破他，（三）东江海口便利，可望苏联接济，财政亦丰，（四）可以以福建为后方。因此，决定迅速的先取东江，充实力量，次取广州。

——刘伯承:《南昌暴动始末记》（1928 年 6—7 月），载《刘伯承军事文选》，解放军出版社 1992 年版

（五）《李立三报告——八一革命之经过与教训（一九二七年十月）》节选

第一次会议觉到张发奎态度之犹豫与右倾，那么依靠张为领袖之回粤运动，很少成功之可能，甚至为三六九军所包围而完全消灭。纵然回粤成功，我们亦必在张汪（张指张发奎，汪指汪精卫——编者注）协谋之中而牺牲，将与我们回粤去号召农民暴动，实现土地革命，建立新的革命根据地之目的完全相反。所以我们应该抛弃依张之政策，而决定一独立的军事行动，逼迫张朱（张指张发奎，朱指朱培德——编者注）与我们一致（当然当时这种观念还没有脱离机会主义）。因此决定在军事上赶快集中南昌，运动二十军与我们一致，实行在南昌暴动解决三六九军在南昌之武装。在政治上反对武汉南京两政府，建立新的政府来号召。

……

在汀州时关于取东江计划有详细讨论。当时，有两方面的意见：一、主张以主力军由三河坝经松口取梅县，再经兴宁五华取惠州，以小部分军力（至多两团）趋潮汕，盖料敌人恐慌已极潮汕空虚，可以不战而取。并且经潮汕再取兴宁五华攻惠州，过于迂缓，敌人有集中兵力攻击我之可能。二、主张以主力取潮汕，留部分兵力于三河监视梅县之敌，再经揭阳出兴宁五华取惠州。盖恐敌人死守，潮汕不得，便难取得外面的接济。恩来希夷均主前说，俄顾问与贺龙伯承等均主后说。同时，一般军官长期行军之后，均欲得地休息，多赞成后说，遂照后说意见决定。

——载一九二七年《中央通讯》第七期

（六）《中共中央最近政治状况报告》节选

现实的政策，应当是叶贺所剩军队沿途扑击各县豪绅的政权，帮助当地的农民组织农民军队，给他们以武器，使他们自己起来实行土地革命；这种沿途帮助农民暴动发展的政策，可以使广东农民得着一个推动力，自己起来斗争，从各地汇合起来。

——载一九二七年《中央通讯》第七期

（一）从南昌到汕头

陈赓

第一次国内革命战争武汉政府时代，我在北伐军第二方面军唐生智部特务营任营长。“马日事变”后，陈独秀右倾机会主义路线迁就当时的汪精卫派国民党，自动把武汉市的工人纠察队缴了械，并且命令我把特务营交给唐生智的弟弟唐生明。——这个部队本来是由共产党组织的，后来大部分人分批跑到江西，参加了土地革命战争。

1927年7月15日，汉口的国民党正式决定与共产党决裂而叛变革命。我便随着周恩来同志秘密乘船到达江西，8月1日参加了南昌的武装起义。起义由周恩来、朱德、贺龙、叶挺、刘伯承等同志指挥，参加的有在党影响下的北伐军部队三万余人，总指挥部设在南昌市中心洗马池的江西大旅社。我和李立三等同志在市区逮捕了一批反革命分子，当天夜里又负责解决了江西省银行。

8月5日，起义军撤离南昌，我在贺龙同志的第二十军第三师工作，跟部队一起向广东进发。在南昌曾解决敌人六个团，离开时武器带不走，丢的遍地都是。那时候还不大懂得发动工农来拿武器，武器都丢掉了。一路上，起义部队受到各地人民的热烈欢迎，革命虽然遭受了暂时的挫折，但群众的斗争意志仍然是很坚强的。八月下旬，部队经过抚州、瑞金，在会昌地区和反动军阀钱大钧等部队激战了一场。钱大钧的部队先我到达会昌。我三师是先头部队，一到会昌附近就和敌人接了火。会昌战斗是在8月24日，本来我军预定拂晓开始攻击，因为部队走错了路，迟到早晨八点钟才开始。敌人派四个团来堵截，打到中午，我后续部队还没有到，子弹打光了，尚未把敌人击败。敌人疯狂出击，我军支持不住，便向后撤。

撤退时我走在部队最后，下午一点钟负了重伤，左腿两处中弹，膝盖处的筋断了，脚腕骨被打折，不能行动。见敌人的追击部队赶来，为了避免敌人搜查我的口袋发洋财时发觉我还活着，忙脱掉身上的制服，从山坡上滚下去，跌进一块深草的田沟里，腿上的血一直在流，把田沟里的水都染红了。这时跟着我的卢冬生同志也跳下来照顾我。不久几个敌人下来搜索，我因自己不能行动，便劝卢冬生同志快走。他却无论如何也不离开，很机警地躲进附近草棵里藏起来。我用手把腿上流出的血涂抹一身一脸，以此欺骗敌人。可是心里却老想着：我们的部队退了，敌人一来准定会死。想到自己年纪还轻，革命刚刚开始；又回想到自己从前的经历，想起所有一起革命的战友……在敌人走近来时，就把牙齿咬紧，停住呼吸，准备一死。结果，敌人以为我已死掉，在我身上踢了一脚便走了。

躺在那里过了两三个钟头，下午四点钟左右，叶挺同志带领部队反攻上来，立即把敌人打垮。听见山上人叫马嘶，但怕是敌人溃退下来，仍不敢动。我身上只穿着背心和短裤，我们的搜索部队过来，又把我当敌人打了一枪托子。我睁开眼偷看，见他们颈子上都挂有红带子（像现在少年先锋队员戴的红领巾一样），知道是叶挺同志的部队反攻了，便高兴地说明是自己人，卢冬生同志也出来证明。这时前边已经占领会昌，我便也到城里，见到周恩来、叶挺、聂荣臻等许多同志。此时重逢，格外亲切。

会昌战斗后，部队未照原计划直下寻乌、梅县，而折向福建的汀州（长汀）、上杭一带。我因伤势很重，便坐船顺贡水前往汀州。刚一上船，敌人突然反扑回来，一直打到江边，我坐的船也中了许多子弹。正好周士第同志带的二十五师过来，一个反攻，又将敌人打垮，我亦得救。汀州有家医院，就是傅连暲同志办的。他不但没有离开，而且找一些小学校的教师与学生们来帮忙，接收了我军三百多个伤员。他是我所遇到的第一个同情我们的医生。承他尽心照顾，使我直到现在都很感激。

——摘自《星火燎原》第一集，解放军出版社 1996 年版

（二）《南昌八一起义回忆》节选

起义军到达汀州后，深得地方人民的欢迎和支持，商店营业如常，军粮的供给也好。为了休息整顿、治疗伤员、补充给养和筹备运输等，在汀州住了几天，然后继续南进。在汀州，周恩来同志还召开了军事会议，决定：进入广东后，由朱德军长率二十五师前往三河坝附近阻击梅县东来之敌，以掩护我军侧背；我军主力首攻潮汕，以取得汕头海口，建立潮汕粤东根据地。

——摘自南昌起义时任第 24 师政治部主任陈子坚（原名陈兴霖）回忆

第二章 潮汕七日红

9月19日至22日，起义军先后到达大埔县三河坝，按照汀州军事会议的决定实行第一次分兵：朱德率第九军、第二十五师约2500人驻守三河坝，警戒梅县方面的敌军；主力部队向潮州、汕头进军。此外，前委还在三河坝召开军事会议，详细研究了敌我军事形势，并决定了主力到潮汕以后的作战部署。

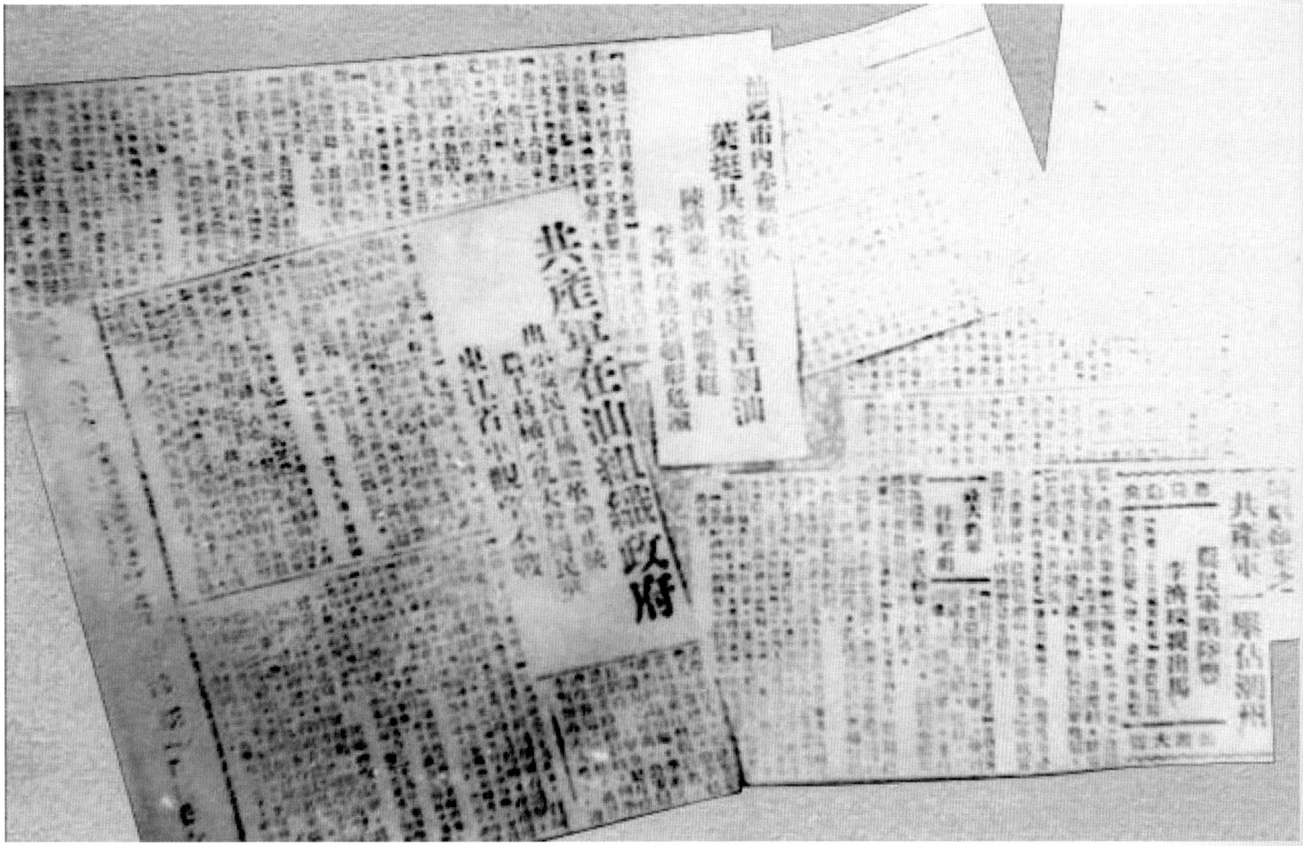

● 起义军经福建上杭进入广东，主力部队于 1927 年 9 月 23 日占领潮州，24 日进占汕头。图为起义军入闽粤的消息报道

壹　响应起义　策应入城

起义军离开南昌时，中共中央即致函广东省委："即刻以全力在东江接应"。为此，省委制订暴动计划，并于 8 月 20 日前后派原中共广东省委秘书长赖先声（赖玉润）秘密从香港到汕头组织暴动。随后，在东江地区成立潮梅等暴动委员会，做好策应工作。赖先声到汕头以后，立即召开了市委委员会议，传达省委精神。同时，着手布置策应任务，成立领导工农武装暴动的汕头市革命委员会，由赖先声担任委员长，市委书记黄居仁等 4 人担任委员，作出宣传群众和组织 800 名工农武装等 6 项决定。

● 丽泽斋——迎接南昌起义南下部队进汕筹备会议旧址大门

丽泽斋——迎接南昌起义南下部队进汕筹备会议旧址内景

丽泽斋——迎接南昌起义南下部队进汕筹备会议旧址内景

潮汕各地党组织迅速行动。8 月下旬，汕头市革命委员会委员陈国威到澄海组织策应暴动工作，帮助健全中共澄海县部委领导机关（由黄祺代理书记），迅速恢复区、乡党组织及农会，成立澄海县工农革命军大队，很快发展至 100 多人，还在后沟“丽泽斋”开设小型兵工厂，制造土枪、弹药。上级派曾任“建国陆海军大元帅府铁甲车队”（叶挺独立团前身）队长的徐成章到澄海任武装暴动总指挥。将潮安县委的陈振涛调至汕头市工作，由林务农接任书记。杨石魂也于 8 月下旬从武汉返抵普宁，召集县部委和农军领导骨干会议，部署暴动。揭阳县也于 9 月中旬召开了党员代表会议，选举成立了以张秉刚为书记的新县委，加紧组织群众。其他各县也采取了响应措施。

在南昌起义军南下的消息鼓舞下，东江各县在起义军到来之前纷纷举行武装起义。8 月 31 日，潮阳、普宁两县农军攻占了潮阳县城。9 月 2 日，普宁农军攻陷了大坝区署和警署。

汕头市郊农运特派员吴焕珠（芝）以市郊农协会领导为骨干，以农民自卫军为主体，组织了工农革命军 300 人，在吴焕珠（芝）、许怀仁带领下准备策应起义军南下部队；揭阳县委在起义军入汕前，营救 10

● 丽泽斋——迎接南昌起义南下部队进汕筹备会议旧址展陈

多名即将被杀害的干部越狱脱险。9 月 6 日，汕头全市商店罢业。23 日，第二区农军攻下炮台镇。毗邻潮汕的海陆丰、丰顺、大埔等地的党组织也都发动了工农武装起义。当时的报纸报道：“潮梅各地，遍是干戈”。这些斗争有力地配合了起义军挺进潮汕的军事行动。

● 杨石魂

同年 9 月，原中共汕头地委常委杨石魂回到汕头。其间中共汕头市委同革命委员会一起组织工农军五六百人在市政厅、公安局等处施放炸弹，破坏潮汕铁路交通和通讯，并积极宣传南昌起义军南下部队进军消息。南昌起义军南下部队进入潮汕期间，中共汕头市委在组织工农群众迎军拥军，建立工农革命政权和革命秩序，镇压反革命，配合起义部队作战等方面都做了大量工作。

9 月 23 日下午，在潮州工农武装的策应下，起义军占领潮州。第二十军第三师卫戍潮州，司令部设于西湖公园涵碧楼，起义军主力从潮州城出发攻占汕头。当晚，周恩来、彭湃接见潮安县委书记林务农。县委部署了建立各区政权机构，恢复工会、农会，发展农民自卫军等工作。同时，令潮安商会出面筹款 10 万元作为部队军饷。当晚，中共

● 杨石魂故居

● 杨石魂故居大门

● 涵碧楼门口雕像——革命领导人雕像

● 涵碧楼——南昌起义军二十军第三师司令部旧址

潮安县委发动潮汕铁路工人奋战 12 小时，修通了国民党军撤退时损毁的铁路，为起义军进占汕头市创造了有利条件。

24 日，潮安县革命委员会成立，起义军第十一军第二十四师政治部主任陈兴霖任委员长。当天，在西湖举行了欢迎起义军的大会。

起义军进入潮州的消息传到汕头后，23 日下午，杨石魂以汕头市总工会委员长名义发布紧急通知，号召全市工友响应起义军进城。当日晚，工人武装经过激烈斗争，占领各区警察署，旋即合力围攻市警察总局，杨石魂从市郊月浦乡率数百名农军入汕增援。

24 日晨，起义军南下部队先锋，贺龙的第二十军第三师傅维钰团进入市区，与工农武装并肩作战，攻下警察总局，解除全部警察武装，救出了被扣禁的共产党员和无辜群众，设总指挥部于民权路 50 号的汕头大埔会馆，且在当天就宣告成立汕头市革命委员会。

● 证果寺——汕头市郊农民策应南昌起义军南下部队战斗旧址

贰　建立政权　恢复民生

进驻大埔会馆后，前敌委员会书记周恩来和赖先声共同宣布汕头市革命委员会成立，赖先声任委员长，古汉忠为秘书长、李立三为公安局局长（后由徐光英代理）、郭沫若为海关监督兼外事交涉使、刘伯承为军政学校校长、周逸群为潮汕警备司令、彭湃为东

● 八一南昌起义南下部队指挥部旧址内部展览物品（拍摄：邱文化）

江工农自卫军总指挥。这些任命体现出当时革命委员会对汕头的政权、治安、外交和教育等多方面已有规划，也印证了革命委员会准备以潮汕地区为根据地，长期经营、开展革命。

入汕后，中共汕头市委协同革命委员会组织各方力量，迅速开展起各项工作。一是由市革命委员会组织接管旧政权，维持社会治安，组织复市复工。二是市革命委员会和起义军接管《岭东民国日报》，出版套红的《革命日报》，登载中国国民党革命委员会委员名单和革命布告。三是市革命委员会着力发动工农和商会参加革命。期间，李立三和赖先声还代表起义军和市革命委员会召集市总商会人员开会，想通过分摊的办法筹措军饷10万元。同时起义军财政委员会还出布告，实行禁止银元出口，否则没收充公等财政金融管制措施。

9月25日，汕头革命委员会即在牛屠地（中山公园月眉桥至瑞平路一带）召开万人军民联欢大会。周恩来、贺龙、叶挺、彭湃等同志分别发表讲话，鼓励工农大众奋起斗争求自救。

汕头革命委员会接管了原汕头国民党政权，命令旧政府人员马上复工上班，协助新政府开展工作。革委会组织了40个宣传队分

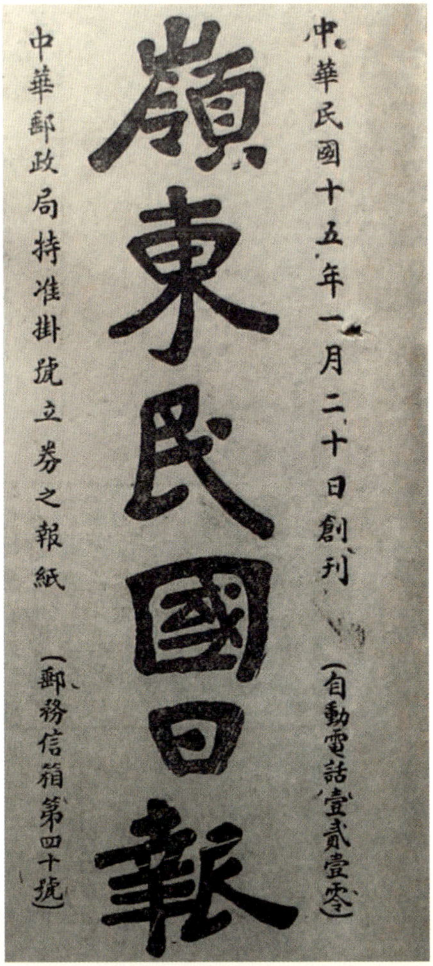
中華民國十五年一月二十日創刊
（自動電話壹貳壹零）
嶺東民國日報
中華郵政局特准掛號立券之報紙
（郵務信箱第四十號）

● 汕头《岭东民国日报》

●《岭东民国日报》职员证

● 岭东民国日报社遗址利安花园

布到各街巷宣传，大街上布满了“拥护革命委员会”“欢迎叶、贺革命军”“没收大地主土地分配给无地贫民”“县、市政权归县市民会议”“实行八小时工作制，提高工人生活”“工农武装起来肃清城乡一切反动势力”等标语，革委会通过多种途径宣传起义部队南下的意义，使群众对于起义部队的性质有所了解，从而安定了民心，增强了革命气氛。

另外，革命委员会还利用接管的《岭东民国日报》出版套红的《革命日报》（当时该报的报头由郭沫若题写），除登载中国国民党革命委员会委员名单和革命布告，还发表了“八一革命宣传大纲”和“土地革命宣传大纲”，响亮地提出了“打倒帝国主义”“打倒新旧军阀”“实行耕者有其田”等革命口号。

● 周恩来为《岭东民国日报》题词：“革命”

叁　传递会旨　拨正航向

9 月 26 日，时任中共中央临时政治局候补委员、南方局成员、广东省委书记的张太雷奉中共中央指示，从香港秘密抵达汕头，于当日和 28 日两次在起义部队总指挥部（大埔会馆）召开南方局会议。参加会议的有周恩来、李立三、恽代英、彭湃、张国焘

● 召开中共中央南方局会议的大埔会馆阅报室（历史照片）

等。张太雷在会上传达了党的八七会议精神和中央对前委的指示，要求取消起义军原用的国民革命委员会名义，改为苏维埃，将军队开往海陆丰，会合当地农民武装，改组为工农革命军。

此后，汕头各街道、机关降下青天白日旗，“易共产党之刀斧红旗”，同时把办了 3 天（共 3 期）的《革命日报》易名为《红旗报》。

28 日午后，郭沫若又向潮海关借调了 1 名英语翻译，一起拜会了潮海关税务司及驻汕各国领事，向他们宣传中国共产党的政治主张，宣传革命委员会的外交政策。

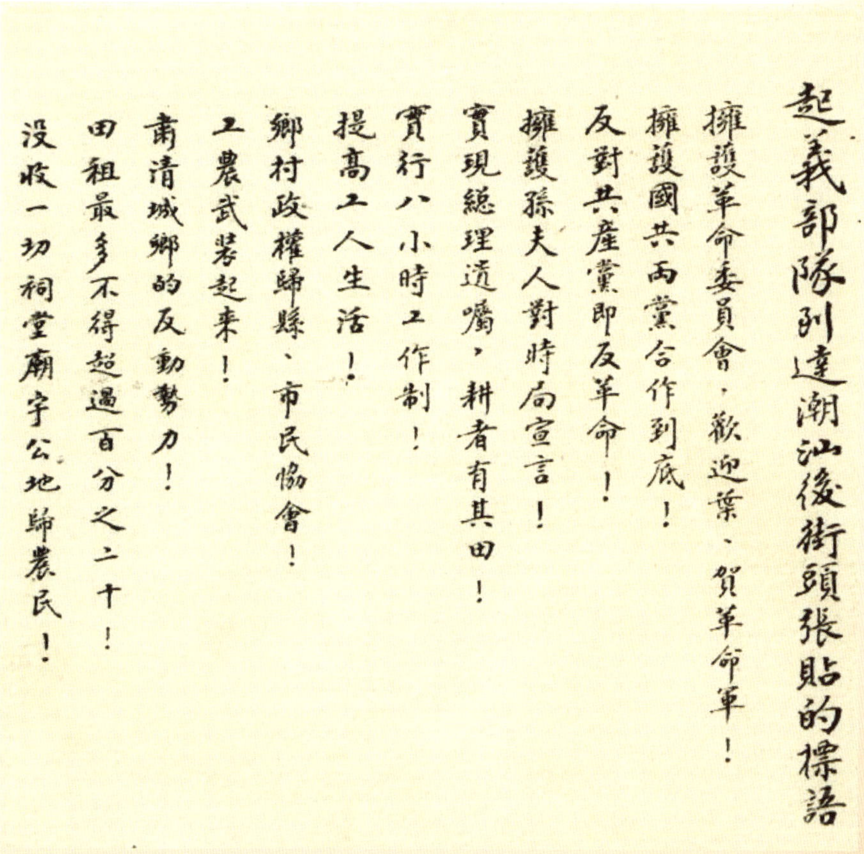
起義部隊到達潮汕後街頭張貼的標語

擁護革命委員會，歡迎葉、賀革命軍！

擁護國共兩黨合作到底！

反對共產黨即反革命！

擁護孫夫人對時局宣言！

實現總理遺囑，耕者有其田！

實行八小時工作制！

提高工人生活！

鄉村政權歸縣、市民協會！

工農武裝起來！

肅清城鄉的反動勢力！

田租最多不得超過百分之二十！

沒收一切祠堂廟宇公地歸農民！

● 起义军在潮汕街头张贴的标语

肆 群舰压境　巧舌退敌

9 月 27 日，敌舰“飞鹰”驶入汕头港内，随行的还有“吉安”等两轮船，上面载有 1 个团的兵力。同时驶入汕头港内的还有 10 艘外国军舰（英国 6 艘、日本 2 艘、美国 1 艘、法国 1 艘），英国和日本还以保护侨民为由派出海军陆战队登岸。外国军队一直监视起义军的行动，并时不时以军事行动进行威吓。起义部队和革命委员会派海关监督兼外事交涉使郭沫若持革命委员会的公函到各国领事馆去拜访，保证起义部队不会骚扰在汕的外国人和外国企业。经过不得已的让步和郭沫若机智的交涉，外国军队才暂时退回舰上。

●“飞鹰”号驱逐舰（历史照片）

伍 抗击围攻　主动撤离

南昌起义军进占潮汕以后，进行第二次分兵：留第二十军第三师周逸群部驻守潮汕，第十一军第二十四师和第二十军第一师、第二师共 6000 多人由贺龙、叶挺、刘伯承率领向揭阳进发。国民党方面于 9 月 25 日、27 日急令其负责围攻起义军的部队迅速赶往潮汕：陈济棠的东路军出河源趋揭阳，会合潮梅警备军 4 个团共 1.5 万人；黄绍竑第七军 2 个师共 9000 人由平远奔潮州；钱大钧部 3000 余人由兴梅出三河坝，三方总兵力 2.7 万余人。南昌起义军在兵力悬殊的情况下，与各地党组织、工农武装和群众积极配合，浴血奋战。

揭阳县汾水村是汾水战役最激烈的主战场。在汾水战役打响的同时，黄绍竑率黄旭初、吕焕炎 2 个师自梅县直下丰顺、留隍，压向潮州。留守潮州的起义军为第二十军第三师教导团 3 个总队和第六团第六连，约 1000 人（战斗兵仅 600 余人）。9 月 30 日午前，黄绍竑部包围了潮州城。虽然驻防的起义军顽强抗敌，但因兵力单薄，弹药告罄，于下午 3 时许撤出战斗，余部乘雨雾突围。后一部抵达流沙，与第十一军第二十四师会合；另一部在教导团参谋长周邦采率领下北上三河坝；第三师师长周逸群等少数人退向汕头，后转赴上海。

汕头也发生了战斗。28 日下午 3 时，在“飞鹰”和“民生”两艘军舰的炮火掩护下，国民党海军陆战队 80 多人从西堤海墘揭阳码头登陆。第一批上岸军警从仁和街口经镇邦街到永平路，分三路：一路从邮电局攻打公安局，一路进升平路，一路进福平路，意欲攻打设在民权路的起义军南下部队总指挥部。当时在汕头只有 1 个多营的警卫部队，不幸感染疟疾正在发高烧的周恩来带病坚持指挥起义部队和潮汕工农武装进行战斗，击毙、击伤敌 30 多人。

9 月 30 日晚，贺龙从揭阳前线赶回汕头报告战况。起义军前委在总指挥部召开紧急会议，鉴于军事上的失利，汕头已经无法坚持，决定部队撤往海陆丰，与当地农民运动结合。10 月 1 日凌晨，前委及革委成员撤离汕头，于 2 日到达普宁流沙。

在起义军撤离潮汕的时候，潮汕党组织全力以赴，组织群众做好各方面的善后工作，尽量减少部队伤亡：一是接应起义军主力撤退，安排食宿，充当向导；二是掩护、医治、护理起义军伤病员；三是护送起义军领导人安全撤离潮汕。贺龙、刘伯承、林伯渠、廖乾五、彭湃等在惠来党组织掩护和帮助下，于神泉乘船赴香港；普宁农会骨干黄寿山找到迷失方向的郭沫若等 4 人，带到农会主席陈开仪家中隐藏，并尽心照顾 10 多天，之后为他们筹措 300 大洋路费，由县委负责人方家悟送到香港。其他起义军的领导人，也从汕头和陆丰碣石转往香港或上海。掩护几十位起义军主要领导干部安全脱险是潮汕党组织的一大历史功绩。

南昌起义部队建立的“潮汕七日红”政权虽因强敌合围而失败，但意义深远：起义军进军潮汕，帮助当地人民建立起红色政权，推动了潮汕地区土地革命战争的广泛开展。对此，1928 年初，汕头市国民党新任市长黄开山无奈承认：“自叶、贺入汕之后，便到处都是共产党。”此外，起义军留下一批革命骨干和武器弹药，为潮汕地区开展武装斗争、组建红军和创建革命根据地提供了有利条件。更重要的是起义军点燃了潮汕地区的革命烈火，播下更多革命的种子，坚定了潮汕人民将革命进行到底的信念。

（一）周恩来给中共中央的信——向潮汕进军的问题

（1927 年 9 月）

……

六、我们现向中兄要求数事：

1. 我军如取得潮汕，望即由上海派一得力人来接头。

2. 革会至汕头后，当以国民政府名义办事，外交缺人，请派太雷前来主持。

3. 子弹及机关枪缺乏，请电知 ** 能于外埠装好货物，一俟汕头攻下，在十日内即能运至汕头方好。

4. 兵员之补充，需大量招募费，请向 ** 商借港票或沪票四十万，此款如借得，请先集中于上海为要。

5. 如汕头攻下，请派得力人员尤其是军事人员前来工作为要。

6. 望电知粤省委另召东江潮汕工农响应一切，以巩固工农政权及其武装。

7. 去人陈宝苻，已发来往川资，望即以回信交其带来为要。

——摘自《周恩来军事文选》第一卷，人民出版社 1997 年版

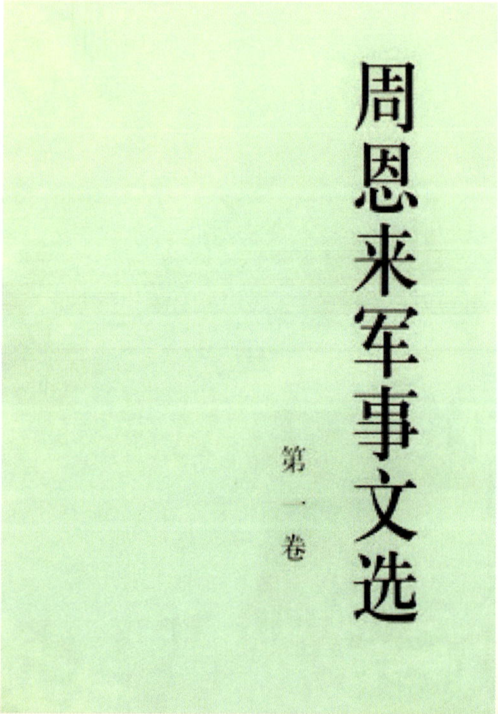

（二）周逸群报告——关于南昌起义问题

（发表于 1927 年 10 月 30 日）

……

七、入潮汕之布置

当我军到三河坝时，明知松口有敌人而不向彼攻击，且反攻为守，留朱德指挥扼守三河坝监视松口之敌。当我军到达留隍时，王俊正由留隍退却，但我军不顾，不派队追击，即全部入潮汕，予敌以集中之时间，此战略上之大错误也。入潮汕后又不迅速出击，迟至二十八日我主力军始由揭阳向汤坑之敌攻击。二十军第一师先与敌接触，占领距汤坑十余里地之分水，缴械百余枝。我二十九日下午接到命令，大意谓敌新编第二师及十三师，二十八日由汤坑至留隍，向潮州前进，至快亦须两日路程，预料二十九日晚或三十日上午必与我潮州部队接触；令我死守潮州，并派七十团之第一营协同死守。潮州无险可守，因命令如此，只好勉强支持待援，因命令说明我主力军准于二十九日拂晓向汤坑之敌攻击，将该敌（王俊部）歼灭后，即部分昼夜向敌追击。待至三十日上午九时敌人于先头部队教导团之第三总队接触，至十一时敌人猛烈向我攻击，始命第一总队增加，以二总队扼守铁道，一面电调第六团，至下午三时许敌约一团由山后扩地向我前进。此时子弹已罄，机关枪大炮俱失效用，至三时半师部被包围，教导团溃散，我乃率数十人冲出，五时余始冲出城，由河边退却，行得十余里遇溃散之第六团第四连，因该连到后，即被包围，敌众我寡，始由铁道退却。我当时以为主力军或者因疲劳迟到，七十团之第一营不知何故始终未到，尚以为主力军无论如何不会失败。殊知次早派人到潮州，未领，随我者只长枪二十二枝，多半无子弹，驳壳枪十四枝。因被敌人阻塞，不能与我大部队接近，只好流为土匪。知广东民团非常厉害，无处可以安身，不得已将枪枝弃置河中，改装至汕，于五号始乘轮来沪，询之同轮者，始知主力军已在揭阳大败，伤亡甚大。二十四师为本军基本部队，该师损失特大，而叶有负伤消息。其军部机关枪亦被缴去，狼狈情形，可想而知。

——载一九二七年《中央通讯》第七期，转引自中央档案馆编:《南昌起义》(资料选编），中共中央党校出版社 1981 年版

（一）办了三天的《革命日报》

八一南昌起义军进入汕头的第二天，便出版了《革命日报》，套红色。记得《革命日报》的报头字是郭沫若题的。

郭沫若还曾以革命委员会的名义，在该报发表诗作："蒋逆中正叛变于前，汪逆兆铭叛变于后，大好河山一盘破碎。……本会起义南昌，继承革命正统……"后来起义军撤退，我把仅出版三天的《革命日报》寄藏在一个农民家里，可惜后来这家农民给反动派连房子都烧光了。

——据许美勋《潮汕七日红》一文摘录及他的其他回忆材料整理，题目另加，摘自《1927 年汕头〈革命日报〉两则新史料》，《广东党史与文献研究》2019 年第 4 期

（二）红旗报的不幸夭折

"八一"南昌起义军于一九二七年九月下旬到达汕头，革命委员会派蓝裕业、罗百良和我迅速筹办出版日报，取名《红旗报》。为了使工作能顺利开展，革命委员会派肖师孟捎来五佰元港币作为筹办报纸的急用款项。经过两天时间的分头活动，采编、排版印刷车间的班子搭了起来，决定十月一日正式出创刊号。九月三十日中夜，正当创刊号大版即将上机开印的时候，突然得到党保卫员的通知，说明市区主力部队正在撤退，报纸出版工作立即放弃，工作人员转入地下，自行设法隐蔽。

这突然的消息，使全体员工愕然。形势紧迫，只好忍痛割爱，不少员工还为之流下眼泪，依依不舍地各自离开报社。

由此，汕头《红旗报》犹如一个新生娃娃，在即将呱呱坠地时夭折了。从此，汕头地区的新闻工作又暂时转入地下，以油印形式出版传播。

——原载《新闻研究资料》1984 年 1 月总 23 辑，文中"我"指梁若尘

（三）潮汕七日红——一九二七年红军到潮汕前后见闻

贺龙、叶挺率领红军快来了！这一轰动人心的消息，像春雷似地从远处传来。

自从反动派发动了四一二反革命政变后的这几个月间，潮汕工农劳动群众，受尽了反动派白色恐

怖的残害和压迫。许多从屠杀、活埋、绞刑、监狱等死亡线上逃出来的人们，咬着牙，忍着泪，掩埋好牺牲同志的尸体，包扎好自己的伤口，继续走上斗争的道路。

我们访问了好几个牺牲同志的家属。他们的笑容和眼泪，他们的仇恨和兴奋，他们对即将到来的红军，那种迫切期待、欢欣鼓舞的心情，真使我们感动的说不出话来。一个黄昏，我们在乌桥一间板屋内，访问了一位姓熊的轮渡工人的母亲。她白发苍苍，眼睛闪着对敌人仇恨的亮光。拿出牺牲了的儿子的血衣，一面抖着，展开那件穿了些弹孔，尽是血渍的破旧白衣，一面激动地说："等红军到来，我要用这件血衣当作旗子去欢迎他们！"她那倔强和悲愤的表情，使人想起高尔基小说《母亲》里那位革命母亲尼洛夫娜的形象。

"我们的队伍来了！"人们欢呼着。这是一九二七年九月二十四日。由贺龙、叶挺同志率领的红军，由南昌起义直下到潮汕来了。

各县农村都纷纷准备着，组织武装迎接红军。汕头市的工人、革命青年、学生和妇女们也早就动员、组织，准备响应迎接红军。反动派手忙脚乱，曾把几个监禁的革命青年绑到中山路尾枪杀，但是也无法阻挡这时代的洪流，无法阻止人们对于革命的向往。

红军到达潮州时，群众就去潮州的西湖开欢迎大会，除了工人队伍和城郊的农民，沿潮汕铁路两旁的农村，如宏安、大寨、舍石、仙都、仙东、沙溪头、鹳巢、浮洋、彩塘、枫溪、乌洋等乡的男女农民，有的以过去的农民协会组织为中心，有的自动成群结队，跑到潮州城来迎接自己的军队。有个参加大会的青年学生告诉我说："昨天的西湖山，差点给欢迎红军的人群踩塌了！那种浩大热烈的气势，真有如狂风暴雨，不可抵挡。任何人看到这种场面，都会深深信服革命力量的伟大。红军在群众们的心眼中，就像旱天的豪雨，一切苦难的救星！"

九月二十五日，红军进入汕头市了。全市好象沸腾一样。人们兴奋地互相传播着消息。大街小巷挤着看红军和欢迎红军的人群。红军战斗员和男女政工人员，都给太阳晒得满脸红黑，看样子很疲倦，但却个个眼光炯炯，精神焕发。许多工人在忙着给红军打水端茶、亲热如同久别重逢的兄弟。

我看到一位老太婆拉住一个红军战士在诉说："我的大儿子因为加入农会，被反动派抓进监狱屈死了，又要抓我小儿子，他逃路了，至今不知生死存亡！但是那些狗官还要罚款，迫得媳妇嫁了，孩儿卖了，还没凑够二百元，还迫着……，现在只剩下我这个六十多岁的老太婆，孤苦伶仃讨饭挨日子……，你们要替我一家报仇啊！"她说着说着便放声大哭。周围的人也跟着流泪，咒骂着反动派！

有一位老太婆拿着仅有的一只鸡，来到大埔会馆面前，连喊带哭地说："我只有一条老苦命和这只鸡。我老了，没什么帮助革命了，就把这只鸡送给同志们，让你们吃了打敌人更有力量。我们革命早日成功，我儿子、媳妇的仇有得报！”

红军进入汕头后，政工同志们组织了慰问队，四处向牺牲同志的家属进行慰问。我也参加了这项工作。我亲眼看到有很多工人自动要求跟红军走，死也不肯离开。他们愿意当向导，抬担架，搞炊事，抢着代牵马，代扛枪，有很多工人节食，收集食物，把家中养的鸡、鸭和鸡蛋送给红军。

第二天，在牛屠地（现职工中学附近）开了群众大会。一队长长的工人队伍开来了。他们高喊着：“打倒帝国主义，打倒反动派！代牺牲同志报仇！”的口号。啊！我看到，走在队伍前头，高举着一面血衣做旗帜的，正是乌桥那位姓熊的工人的母亲。他一面高举着旗帜，一面高呼着口号。她虽然白发苍苍，脚步还是那么稳健。当她刚走入会场，从主席台上便跳下几个同志，把这位革命的老母亲扶上主席台，她高举着旗帜，使人们对敌人刻骨仇恨，也使人们坚信：革命一定得到最后的胜利！

过一会，周恩来、贺龙、叶挺等同志出现在主席台上了，全场的欢呼声、鼓掌声响成一片。不少首长讲了话。当时没有扩音机，可是那种慷慨激昂的声音，非常雄壮响亮。他们的每句话，给人民群众对争取自己的解放，有着无限的鼓舞。尤其是周恩来同志，他是潮汕劳动人民最熟悉最爱戴的革命领导者之一。一九二五年十一月七日，国民革命军第二次东征，进入潮汕市的第三天，便是苏联十月革命八周年纪念日。那天晚上在永平酒楼开军民联欢大会，我们第一次见到周恩来同志。当时还有苏联军事顾问加伦将军等。一九二六年，周恩来同志任东江行政委员，曾亲自主持东江行政会议数天（地点在现在的外马路第二小学校）。那时我以新闻记者身份参加。周恩来同志那种坚毅、和蔼的态度，给人的印象是非常深刻的。同年，周恩来同志委任李春涛同志接收反动报纸《平报》，创办《岭东民报》。李春涛同志任社长，我任副刊编辑。该报《革命》等副刊的版头字还是周恩来同志的手笔。一九二七年四月蒋介石叛变革命时，李春涛同志被害。我把这些副刊藏在乡间。记得我还对冯铿同志说：“等将来革命成功了的时候，把这些报纸拿出来看看，不是很有意义？尤其对李春涛等同志，是很好的纪念品。”我们的这个志愿实现了，这些报刊一直保存到全国解放，前年已被北京人民大学拿去作为《中国报学史》的资料。

红军进入汕头的第二天，便出版了《革命日报》。据说《革命日报》的报头字是郭沫若同志题的。后来红军撤退，我把仅出版三天的《革命日报》寄藏在一个农民家里，可惜后来这家农民给反动派连房子都烧光了。

红军退出汕头的前一天，下午三点钟左右，我正站在三楼的阁台上，忽然听到了冲锋号声，接着就是激烈的枪声。后来才知道，原来是停在妈屿口的反动派军舰“飞鹰”号，派了一百多名兵匪分三路偷偷登陆，企图袭击红军。但只经过十多分钟的战斗，就被红军全部消灭了。

但是反动派当时拥有很多军队，敌我势力悬殊，红军终因寡不敌众而主动退出汕头。

红军虽然长途跋涉，给养不足，但战斗意志坚强，情绪高昂，沿途粉碎了白匪军和地方反动地主武装的截击。普宁城是当时潮汕地区反动派、地主豪绅恶霸的中心堡垒。红军回击这些反动势力攻普宁城的时候，附近十几个乡的农民，都自动协助红军攻城。男的女的，送茶送饭，还纷纷拿出土枪、铁矛、竹枪、斧头、尖担、锄头助战。在东门外山陵丘陇，燃起柴火，击鼓助威，把大地主恶霸方十三等吓得魂飞魄散。后因大量敌军陆续开到，红军在歼灭敌人一个连后，主动撤退了。

当时红军撤退到流沙（现普宁县城）地区时，整个形势已经决定，不能再停留在潮汕了。贺龙、叶挺同志，在流沙群众大会上，对红军和农民们说：红军虽然遭到暂时的失利，我们有共产党的领导，人民的支持，最后革命一定会胜利的！

周恩来同志和郭沫若同志等，都曾住在流沙墟旁白塔秦的一座祠堂里。抗日战争时期，我曾来到这里，访问了当地的农民们。他们告诉我哪地方是当时红军官长住过的，哪地方开过会。农民对红军的爱戴热情，使我感动得几乎流下泪来。

红军在苦战中牺牲很大。存下来的其中一小部分到海陆丰和彭湃同志所领导的工农武装会合，成为后来海陆丰建立苏维埃政权的骨干。同年十二月底，再会合广州暴动后撤退出来的武装，在党的东江特委的领导下坚持斗争。还有一小部分退入南山，成为后来创立南山根据地的武装骨干。其余的都退到闽西赣南。

红军从九月二十四日到潮汕，至九月三十日撤退，为时只有七天。潮汕广大的劳苦人民，把革命的七天，亲切称为“七日红”。虽然只有七天，但在潮汕革命史上，起着极其重大的作用。特别是红军战士们那种艰苦、勇敢的精神，处处爱护人民的行动，给人民留下永远不能磨灭的印象。记得红军撤退时，揭阳、普宁交界三洲地方，一只渡船的父女俩，因不肯渡过敌军，竟被枪杀沉尸江底。第二天尸体浮出水面，女儿还紧紧抱住父亲的大腿。像这类可歌可泣的事情，是讲不完的。总之，人心倾向共产党，红军虽然遭到挫折，暂时撤出潮汕，但是人民始终把共产党当作自己的灯塔。今年纪念人民解放军建军三十周年，回首“七日红”，使人们无限感奋，“七日红”将永远辉煌地记载在中国人民解放运动的史册上。

——载 1957 年 7 月 15 日《南方日报》

（四）从南昌到汕头

陈赓

接着部队进军东江，我仍乘船沿着韩江南下，水流很急，又有礁石，有些船被打翻了，我乘坐的船也触到礁石，险些出事。到大埔后，准备留我在那里休养，我坚决随着部队前进。9月23日我军占领潮州，便和部队一起进城。在潮州，三师司令部住在电报局里，我就住在隔壁的韩文公庙小学。说来有趣，这事后来给予我在紧急情况下的一个掩护。

9月24日，我军先头部队到达汕头，汕头工农也起来暴动。这时广东军阀陈济棠、徐景堂、黄绍竑、钱大钧等部，已从四面八方涌到那里。我军占领潮汕后，即在汤坑、潮州、三河坝等处与广东军阀发生激战。以后敌人越来越多，帝国主义与国民党的军舰也向汕头猛攻。9月30日，我军被迫放弃汕头，竭尽全力到汤坑去御敌。当时周恩来同志生病发高烧达四十度，还在前线指挥作战。朱德同志指挥二十五师守三河坝，敌人三个师来打，激战三天三夜，予敌重创。但因反革命军队数量过大，经过苦战，寡不敌众，终归失败。

占领汕头时，我和一些受伤的同志进了日本人开的“博爱医院”。许多同志都到医院来看我，日本人晓得我是个军官，对我的态度非常不好。我军从汕头撤出，恩来同志等曾派人送款子给我们，没有送到，所以撤退的事我完全不知道。次日早晨，我叫卢冬生同志到总指挥部驻地畸卢去看看，他一出门，看见国民党军队正开进城，街上已看不见挂红带子的起义部队。我伤势仍甚重，不能行动，正在着急，日本人又来下逐客令，要把我们赶出去。有些伤势轻的同志都逃走了。这时医院有个护士李小姐同一位打扫房屋的工人很同情我们，便偷偷地把我搬到工人住的房间藏起来。后来他们一面动手找船，一面同我说：“风声不好，你非走不行！”医院对面是日本人开的汕头旅馆，下边就是海岸，但退潮时全是泥巴。十月初旬，有一天上午十时左右，工人和护士找到一只小船。“陆地行舟”，将船从泥巴上推到旅馆跟前，由护士一直送我到往香港去的轮船上。这位护士使我十分感动，广东解放以后，我一直没有打听到她。

我们坐的太古公司的轮船，是我军在潮汕失败后从汕头到香港的第一条船，我们的许多同志都在这条船上。快要到香港时，船上挂出一种特殊的讯号，我们一些同志都迅速离开，我因伤重留在船上。后来卢冬生找把椅子抬我下去，检查的人问我负的什么伤，并且说：“你一定是汕头失败的共产党。”我用讲得不好的广东话回答他是潮州人，在潮州电报局做事，仗打起来了，慌忙逃跑，跳楼跌伤。他问

我电报局在什么地方，我说在韩文公庙隔壁，他们便放我过去了。

……

轮船离开香港，要等到汕头停泊一下，上人装货。我所坐的这条船，恰好又是我军失败后从香港到汕头的第一条船。汕头还在戒严，在反动派统治下到处杀气腾腾，自己刚刚逃出，忽又折到这里，心中甚为紧张。船刚靠岸，又有起义军的许多同志上来，这中间就有我们第三师师长周逸群同志。他是被国民党军队俘虏后没认出来又逃出来的，汕头有个慈善团体给了他一张船票。他一上船，就挟一张烂席子找到货舱里，见只有一个人在那里，就不管三七二十一，偷偷摸摸，倒头就睡。我正躺在那里看报纸，见他进来非常高兴，就和他开一个玩笑，用报纸遮着脸说："这报上的消息真灵通，周逸群还没上船，报纸就登出来了。"他吓了一跳，竖起耳朵听着。但我讲了几句，他就听出我的声音来了。两个人一阵好笑，以后我们一起到了上海找党。

——摘自《星火燎原》第一集，解放军出版社 1996 年版

第三章 汾水铸丰碑

1927年9月，南昌起义军6000多人抵达揭阳县城，成立揭阳第一个红色政权——揭阳县工农革命委员会，在揭阳掀起革命热潮。随即，起义军与国民党武装1.5万多人在玉湖汾水村激战两昼夜，歼敌3000多人，自身牺牲2000多人，书写了壮丽诗篇。战后，起义军辗转转移至普宁流沙。10月3日，起义军前敌委员会在流沙教堂西侧厅召开指挥部军事决策会议，作出一系列重要决策，史称“流沙会议”。

壹 军抵揭阳

为迎接起义军进军潮汕，揭阳地方党组织在渔湖白宫村设立了总联络点，在附城的下围、椟松等村设立前进基点。县委组织部、宣传部到近城的玉浦村、林厝寮、棉树村等组织群众，做好迎军准备。

9月26日，贺龙、叶挺、刘伯承等率6000多名起义军抵达揭阳。彭湃率领的东江工农自卫军总指挥部28人随军到达。揭阳地方党组织立即组织群众在马牙渡架设浮桥，以便起义军进城。同时，打开国民党的监狱，救出被关押的革命同志。并在揭阳学宫设立办公

● 马牙渡今貌

地址，召集坚持在各地的革命骨干，商议建立政权及支援起义军事宜。

起义军进城以后，贺龙、叶挺、刘伯承等部队领导入住姚氏学苑，总指挥部设于揭阳县商民协会，起义军政治部进驻揭阳学宫崇圣祠，东江工农自卫军驻在学宫东廊。近午时，周恩来从汕头抵达揭阳，与贺龙、叶挺到学宫的起义军政治部召集各部汇报工作。在周恩来的直接指导下，成立了揭阳县工农革命委员会。下午，周恩来、彭湃、贺龙、叶挺、刘伯承、聂荣臻等在揭阳县商民协会楼上的指挥部召开军事会议，商讨起义军的前进方向；揭阳县委书记张秉刚等列席会议，接受参谋团的支前任务后，离开会场。会后，周恩来乘轮船回汕头。

当晚，起义军与县工农革命委员会在东校场举行有6000多人参加的军民联欢会，叶挺代表起义军在大会上讲话，强烈谴责蒋介石、汪精卫叛变革命，亲近帝国主义；号召各界人民行动起来，投入革命的洪流，推翻国民党的反动统治。揭阳县各界代表也在会上发言，表示斗争到底的决心。

● 揭阳学宫崇圣祠——周恩来同志办公、休息处

● 揭阳学宫崇圣祠——周恩来同志革命活动旧址内景

● 揭阳学宫崇圣祠——周恩来同志革命活动旧址全景

贰 汾水激战

9月27日，起义军接到情报，获悉汤坑镇仅有敌军王俊部1000余人。总指挥部遂决定驻扎揭阳的贺、叶部队向汤坑进击歼敌。事实上，情报有误，原来国民党第八路军东路军代

汾水战役烈士纪念碑

汾水战役烈士陵园

总指挥陈济棠率3个师和潮（州）梅（县）警备部队共1.5万人，打算从丰顺进击揭阳，寻求与起义军主力决战。

9月28日凌晨，起义军兵分两路，向玉湖、汤坑挺进。在地方党组织的领导发动下，工农群众纷纷协助起义军运送粮食弹药。同时，一、三、四区的2000多名农会会员和赤卫队员分路奔赴战场，协助后勤工作和进行外围警戒。华清村赤卫队员林德奎、双山村赤卫队员吴让教等为起义军当向导。是日中午，起义军前卫部队与守敌王俊部交火，汾水战役（又称汤坑战役）打响。

此时，敌我双方的态势为：王俊部位于揭丰大道右侧的乌柳湾、蜘蛛结网，以及左侧的潭岭山，旅部设在新寮村；薛岳部位于揭丰大道两侧的潭岭山、竹竿山一带，师部则设在了丰顺汤坑镇。起义军总指挥部设于白石村后山坡，彭湃率领的东江工农自卫军总指挥部设于白石村祠堂内。贺龙、叶挺等军事领导人登上白石山观察地形。

● 白石山今貌

薛岳、王俊两部依仗人多势众与有利地形，掘壕据守，且有援兵将至，故有恃无恐，以猛烈炮火实施阻击。起义军一鼓作气冲上山坡，敌军在火力掩护下进行反扑。为争夺山坡阵地，双方反复冲杀，战斗惨烈，大道及两侧坡地被鲜血染红了。后来当地农民将此地称为“红路头”。战斗持续两个小时，起义军正面占领了山前阵地，新参战的部队在当地农民林合清、卢位美的带引下，迂回山北敌阵侧背，奋力冲杀登上山顶，守敌两个营伤亡枕藉，散乱奔逃。起义军固守乌柳湾阵地后，经调整部署，继续向蜘蛛结网进攻。下午占领蜘蛛结网后，于傍晚又两面夹攻潭岭山之敌，激战通宵，至黎明，潭岭山为起义军占领。

9 月 29 日上午，敌军在炮火支援下，进行反扑。贺龙、叶挺等登上潭岭山了解战况，指挥作战。经过血战，竹竿山、老鼠山皆为起义军占领。经过巷战，将敌赶出汾水村。起义军另一部同时进攻汾水村之东侧高山瞭望崃，敌退至北面的四排岭据险固守。此时，敌东路军各部陆续投入战斗，敌我力量悬殊，战斗更为激烈。在汾水村山后高地，两军进行了酷烈的血战。从中午至晚上 9 时，两军冲锋各数十次，直至此

● 竹竿山今貌

时，起义军才了解到敌人兵力甚众，武器也十分精良，强攻不下，决定夜袭。30 日凌晨，起义军偷袭敌阵，但敌有所防备，夜袭失败。此时起义军能集合再投入战斗的兵力只有贺龙部队的一个团，加上全军弹药将尽，且闻潮安战情吃紧，于是前敌指挥部下令撤退。起义军负责掩护的部队趁黑夜猛烈向敌冲击，给予敌人重创后，立刻撤离战场。敌军明知起义军正在撤退，但因伤亡惨重，建制打乱，士兵离散，也无力追击。经过两天两夜战斗，起义军歼敌 3000 多人，自身也伤亡 2000 多人。汾水战役临时医院设于新寮村番仔楼，在起义军撤出战斗以后，伤员由新亨渡口转移至其他乡村救治。

战斗结束后，揭阳、丰顺群众收埋起义军官兵遗体。据汤南镇隆烟村崇德堂内石碑（立于民国二十五年 1 月）记载：“丁卯收埋贺叶阵亡官兵一仟两佰伍拾人，用去大洋柒佰伍拾元”。

撤出战斗的叶、贺部队先退向潮州，途中闻潮州已失，折返揭阳炮台，经潮阳贵屿向海陆丰方向撤退。当时贺龙、叶挺率队由潮阳关埠京北渡口经西胪青山古道，急行军至赤杜的宿营，将岭上“感天大帝古庙”作为临时办公场所，在中共潮阳地方党组织的密切配合下顺利登岸，10 月 3 日到达普宁流沙镇。

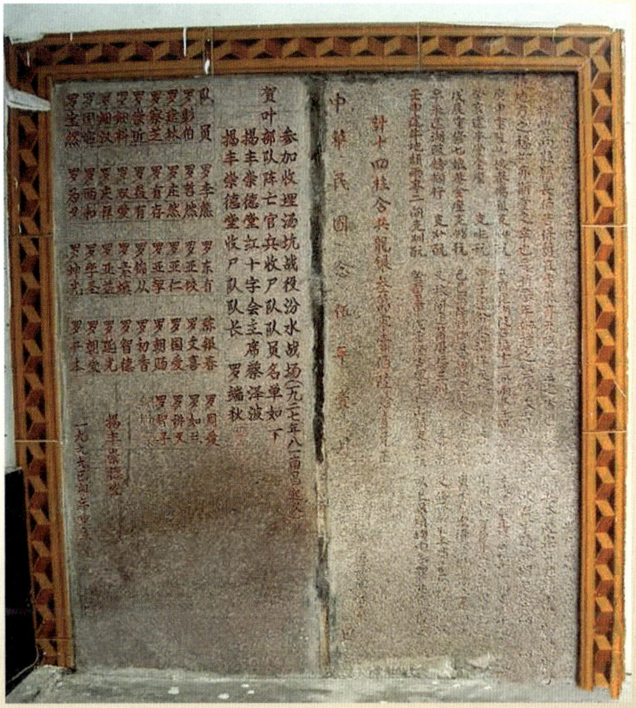

碑刻“丁卯收埋贺叶阵亡官兵一仟两佰伍拾人”

第三章 汾水铸丰碑

叁 流沙会议

9月30日凌晨，在汾水战役中给敌人重创后，起义军主动撤离战场，先退向潮州，途中闻悉潮州失守，遂折回揭阳，与从汕头撤出的前敌委员会和革委会人员会合，集中至台渡过榕江，经潮阳关埠、贵屿，向普宁流沙方向转移。10月2日至3日，起义军陆续抵达普宁流沙。

3日下午，前敌委员会在普宁流沙教堂召开有前委会、革委会成员和其他军政负责人参加的军事决策会议。与会人员有周恩来、彭湃、李立三、恽代英、谭平山、张国焘、贺龙、

● 流沙会议旧址（历史照片）

● 流沙会议旧址今貌

叶挺、刘伯承、聂荣臻、郭沫若、吴玉章、林伯渠、张曙时、廖乾五、贺昌、杨石魂等。此时，周恩来患疟疾，发高烧达40度，他扼要总结起义军南下后失败的教训。会议传达党的八七会议精神，遵照党中央的指示，决定取消国民党旗号，打出红旗，搞土地革命；武装人员撤往海陆丰与当地农军会合，把武装斗争与土地革命结合起来，准备作长期斗争；领导人撤离战区转移香港、上海另行安排工作。下午4时许，会议尚在进行中，突然接到敌军前来截击的情报，会议立即结束，起义军向海陆丰方向转移。在普宁池尾钟潭村后的莲花山，起义军再次与敌军激战。指挥机关和第二十四师被打散。

● 聂荣臻为流沙会议旧址题词

● 莲花山今貌

肆 部署转移

周恩来、叶挺、聂荣臻与起义军失散以后，中共东江特委委员杨石魂设法找到了他们。聂荣臻对杨石魂说：“你对本地情况熟，可不能离开我们，我们几个连本地话都听不懂，你得想办法把我们护送到香港。”对此，杨石魂表示义不容辞。此时周恩来正发着高烧，情况非常危急，他先把 3 位领导人转移到距流沙 4 公里处的马栅村承天休隐蔽。杨石魂找一副担架，把正在发高烧的周恩来抬上，越过大南山，经惠来县转移到陆丰县南塘区金厢乡乡委书记黄秀文家隐蔽。

● 承天休——周恩来、叶挺、聂荣臻撤离战区掩蔽处旧址

贺龙、刘伯承、林伯渠、廖乾五、彭湃夫妇、文曼魂、徐以新等带着两三百名战士冲出重围，到惠来县神泉港附近的鹅豆村，起义军将领部分驻村中张公祖祠、部分与护卫人员驻张公祖祠的书房，部队战士驻村外长排山岭岩洞瞭望警戒。第二天，贺龙要部队设法与地方党组织取得联系，回到湖南，待他到上海以后，再与他们联系。贺龙、刘伯承等离开部队后，在彭湃的带引下到一户地下关系的人家，换装扮成广东的老乡和中小商人模样。这时，徐以新还想把起义领带标志留下来，刘伯承对他说："我的小老弟，现在是什么时候了，你还要留着这个！"徐以新只好处理掉。此后，他们辗转从汕头、神泉、甲子等地乘船前往香港。

郭沫若和安琳等与部队走散后，被普宁党组织派来接应的黄寿山找到，带到咸寮村找农会干部陈开仪安置，陈开仪带他们到马鞍石山洞隐藏。数天后，陈开仪和方家悟护送郭沫若等经过盐岭径，穿越大南山，抵达惠来县神泉港，住在陈少光瓷器铺。后来，由方家悟护送去香港。张国焘、李立三、贺昌跟着向导往陆丰的方向撤退，在陆丰县甲子港乘船渡往香港。恽代英也从战场上辗转到陆丰县，在湖东港乘船往香港。

南昌起义军虽然在潮汕地区遭到重大挫折，但是南昌起义领导人都能够成功脱险，为中国革命保存了火种，潮汕的地方党组织在其中发挥了重要的作用，农民协会会员、广大革命群众冒着生命的危险，掩护南昌起义军领导人及广大官兵安全转移，这是中国的革命历史上的一大壮举。

（一）李立三报告：“八一”革命之经过与教训

（一九二七年十月）

……

四、汤坑之战与潮汕失守

原定到潮汕的第二日即向揭阳出发，但因筹取开拔费的关系，在潮汕停留三日始出发。当时二十五师留在三河，二十军第三师留守潮汕，因此出发前方者仅二十四师及二十军之第一第二两师，共计不够六千战斗兵。

当时敌人已到达汤坑，总计兵力五师以上，约一万五千人，三倍于我。在分（注：汾）水、汤坑之间激战三昼夜，我军伤亡过多（二十四师之下级干部伤亡殆尽，二十军亦死团长二人）无兵补充，遂不得不下令退却。同时敌人以一部兵力攻潮州，以海军攻汕头，汕头之敌虽被击退，潮州竟失守。于是不得不并汕头放弃。

九月三十日晚二时，遂决定放弃潮汕退海陆丰。革命委员会到普宁之流沙两日始与军队会合，但是在流沙之西十里便有敌人截击，遂溃败不可收拾，当时二十军之两师已过前方，仅二十四师在后面，退至甲子港时收集仅九百余人，现尚驻在陆丰一带。二十军将到陆丰时，遂被陈济棠军缴械。留在三河坝之二十五师，曾大败敌人，亦已伤亡过甚，向平和方面退却。现在尚余二千余人，枪枝约千余支。

——载一九二七年《中央通讯》第七期，转引自中央档案馆编：《南昌起义》（资料选辑），中共中央党校出版社 1981 年版

（二）南昌暴动至潮汕的失败

叶挺

……

至九月十四号大进，到达大埔，在军事地势上本不应直入潮汕，应先占领其北部，将敌人主力消灭后，再行南下，因潮汕沿海之区，军队运动非常困难，且无退路，但因看潮汕空虚及不明敌人情况，才先直入潮汕，而令二十五师留守三河坝以保护我侧背。将到潮州始知黄绍竑所谓七团已由江西直入平远，我们才决定占领潮汕后，即急回师以击此敌。但至潮汕后，因筹款关系延迟四五天，始集中揭阳，拟向兴宁前进，但此时李济深复添加八团之生力军已到达兴宁，与黄绍竑所部七团、钱大钧约二团、何辑五之潮汕守备队约两团，互相连络。而我们二十五师正走在三河坝离潮州四天行程，无法可以集中。此时形势实至万分险恶，我才提议放弃潮汕，集中我们兵力，并将多余空枪悉运至海陆丰一带交给农军，但此提议因负责同志不赞成，才至以二团之兵力留潮汕（约千人），且存枪亦未运到，后来全数都“送”给黄绍竑了。

——中央档案馆编:《南昌起义》(资料选辑)，中共中央党校出版社 1981 年版，原件存共产国际中共代表团档案一九二七年卷内

（一）《聂荣臻回忆录》节选

汤坑战斗中，我们的部队很勇敢。双方隔着一个不大的山头，反复拉锯，你拿手榴弹打过来，我拿手榴弹打过去；你冲过来，我冲过去。我记得二十四师有个营长叫廖快虎，很勇敢，指挥部队和敌人反复争夺阵地，敌人冲了上来，部队拼光了，他坐在阵地上宁死不退，与阵地同归于尽。就这样，经过激战之后，敌我双方都伤亡很大，我们精疲力尽，只好撤出战斗。我们撤了，敌人慑于我军勇威，不敢追击我们，也撤了。

撤下来之后怎么办？革命委员会和参谋团没有下撤退命令，也没有指示向哪里走。当初我们本来打算进占汤坑、丰顺，既然连汤坑都没有能占领，就只好改变主意，向潮州撤退。可是，半路上，碰到贺龙同志的一个副官，他说，潮州丢失了，汕头也不能保，革命委员会向海陆丰转移了。我和叶挺商量，向哪里去？叶挺说向海陆丰去不是办法，因为二十四师伤亡太大，二十五师又被隔在三河坝失掉联系，我们向海陆丰，越走离二十五师越远，这样不行。他说，向福建去，那里敌人薄弱，只有张贞的一个师，没有多少战斗力，我们又可以找到二十五师，带上他们一块走。我觉得叶挺的主张是对的，他跟随孙中山的时候，在福建搞过一阵，那里的情况他了解，是个好主意。但是，作为党代表，我不能不进一步考虑。经过再三思索，最后我表示，这样不行，我们没有得到命令，这样一走，不就成了各走各的，单独行动了吗？没有命令擅自行动可不行啊！

我们还是找到前委再说吧。

随后，我们掉头向西，经过揭阳到达流沙，找到了革命委员会和恩来同志。他当时正在发高烧，处于昏迷状态。很多领导同志都在这里。我们到时，他们已经在开会。于是，我们也参加了会议。会上叶挺不主张去海陆丰，他说，海陆丰已经有敌人，同时，我们到那里后，受到从广州和汤坑两个方向来的敌人的夹击，而那里是不大的一块地方，又是背水作战，地形也不利。我认为叶挺的意见对，似乎他已经认识到二十五师被隔绝，二十四师伤亡大，汤坑战斗都没有取胜，再打下去是困难了。可是，我们得知，贺龙同志的二十军已经向海陆丰前进了，大家议论纷纷。

九月二十四日，我军占领潮汕。可是，在向潮汕进军的时候，竟作出分兵的决定。由朱德同志指挥周士第的二十五师留守三河坝，牵制敌人。其实，今天看，为守三河坝而留下我们最强的主力师是完全不应该的。在潮汕，又进一步分兵，留下二十军的第三师（师长周逸群同志）守潮汕。这样分散兵力的结果，造成最后向揭阳进军的我军主力，只剩下十一军的二十四师和二十军的一师、二师（这两个师不满员），不足六千人，进到汤坑，与敌薛岳的部队遭遇，战斗非常激烈，相持不下。当我军与敌人在这里激战的时候，黄绍竑率两个师并指挥钱大钧余部，攻我潮州和三河坝。其目的是，攻三河坝在于牵制我军，不使我军南下；夺取潮州则能威胁汕头，切断我各部之间的联络，以分割我们，有利于他对我军各个击破。守潮州的第三师，是一个刚刚组建起来的部队，战斗力差，潮州遂为黄绍竑所占，三河坝我军陷于孤立。以后，当汤坑我军失利时，三河坝也发生激战。朱德同志率二十五师南撤，打算靠近主力，但中途就听说主力受挫的消息，没有到汕头，就转道饶平，北撤福建武平地区。

——《聂荣臻回忆录》，解放军出版社 1983 年版

（二）《革命春秋》节选

从汕头市畲夜撤退以后，到了流沙，在这儿已经停留了一天一夜了。在第三天的中午，终于等到了两位军事负责人贺龙和叶挺的到来。首脑部聚集在天后庙（郭沫若在解放后到原地去看后，说那里其实是一个教堂——编者注）里一间细长的侧厅里开会，作着最后的决策。决策大体上已经是商定好了的，只是在征求贺与叶的同意。

主要是恩来作报告，他是在发着疟疾的，脸色显得碧青。他首先把打了败仗的原因，简单地检讨了一下。把这些失败因素检讨了之后，接着又说到大体上已经决定了的善后的办法——武装人员尽可能收集整顿，向海陆丰撤退，今后要作长期的革命斗争。这工作已经做得略有头绪了。非武装人员愿留的留，不愿留的就地分散。已经物色了好些当地的农会会友做向导，分别向海口撤退，再分头赴香港或上海。

——郭沫若:《革命春秋》，人民文学出版社 1979 年版

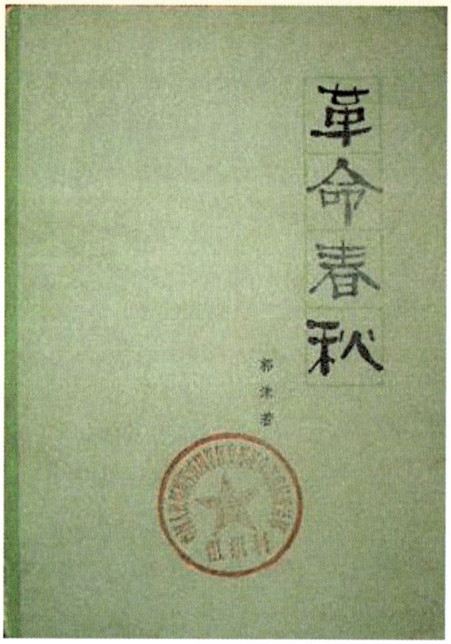

● 郭沫若自传:《革命春秋》

（三）徐以新回忆节选

九月二十三、四日，我们部队进驻潮州、汕头。总指挥部设在汕头，我随三师师部驻守潮州。九月二十七、八日，总指挥部召集会议和发饷，周逸群同志带我去汕头。到汕头后，周逸群同志参加会议，我便去日本人开设的博爱医院看望会昌战斗中负重伤的陈赓同志。周逸群同志开过会后回潮州，我继续留在汕头。九月底的一天，我正在驻守海口的赵一凡同志处，敌人的“飞鹰”“民生”等三艘军舰向汕头发起炮击，敌海军陆战队千余人在炮火掩护下，强行登陆，并接近总指挥部驻地。当时，我们在汕

头只有一千多营的警卫部队，周恩来同志身边也只有一连人，他正发高烧，但仍亲自指挥战斗。我也随驻守海口的赵一凡所部约一连人，向市内增援。敌在我们猛烈反击下，迅速向海边溃退，逃回军舰。

当天晚上，贺龙同志带了一批人从汤坑前线回到汕头，前委立即召开紧急会议。会后，我们全部人马便匆忙离开汕头，向揭阳撤退。我是与贺龙同志乘汽船沿江走的。陈赓同志因腿受重伤，不能随军行进。撤退前曾派人给他送钱送信，但陈赓都未收到。他是于我们撤退的第二天，在中国护士的帮助下，把枪卖掉，雇船去香港再转上海的。

十月初，部队到达流沙。前委召开了会议。会后，部队继续向西行进，指挥部走在部队的中间。当天下午四、五点钟，当先头部队已经翻过山，后卫部队又距指挥部尚远时，指挥部突然遭到敌人截击。总指挥部集合部队，坚决抵抗。经过激烈战斗，才冲出敌人包围。我随贺龙、刘伯承、林伯渠、廖乾五、彭湃夫妇和文曼魂等带二、三百名战士冲出重围后，到了神泉港附近的一个村落。贺龙同志要部队与地方党取得联系，坚持斗争，设法回到湖南，待他到上海后，再与他们联系。我们与部队分手后，即由彭湃同志带到一户地下关系人家，换装扮成广东的老乡和中小商人模样。当时，我还想把起义的领带标志留下，刘伯承同志说:“我的小老弟，现在是什么时候了，你还留着这个！”我只好丢下。我们到神泉港后，又由彭湃通过地下关系，租到了一条可载百十人的大渔船，在海面走了三、四天到达香港。进港前，我们把枪沉到海底，然后分四路（贺龙、刘伯承和一个警卫员一路；我与廖乾五和一个警卫员一路，廖化装成从南洋回国的商人，我扮作他的儿子，警卫员扮作我们的佣人；林伯渠与他的干女儿文曼魂是一路；彭湃夫妇与一个警卫员是一路，当时彭湃的夫人许玉庆正怀孕，到香港没几天就生了），换乘小船，分头进港上岸。

——《访问徐以新》，南昌八一纪念馆编:《南昌起义》，中共党史资料出版社1987年版

第四章 撤往海陆丰

1927 年南昌起义爆发时，在彭湃等人领导下，海陆丰地区的农运工作已轰轰烈烈地开展了五六年时间，革命群众基础深厚，是广东乃至全国的农运中心之一，党组织的斗争经验、领导经验非常丰富。彭湃更是南昌起义重要领导人之一，任南昌起义前敌委员会委员，他在广东有着很大的影响力，对粤东情况也很熟悉。

南昌起义部队南下后，中共中央、中共中央南方局、广东省委和海陆丰县委都密切关注着这支军队动向。为接应南昌起义部队，海陆丰党组织于 9 月初发动了第二次武装起义。但战争瞬息万变，南昌起义部队在潮汕与敌军激战，伤亡较大，向海陆丰撤退，部分重要领导人在海陆丰人民的掩护和帮助下进行转移。10 月 9 日，南昌起义军余部经陆丰激石溪进入海丰黄羌圩朝面山休整，10 月下旬部队改编为工农革命军第二师，开始了转战海陆丰的战斗历程，参与了海陆丰第三次武装起义、建立全国第一个苏维埃政权的斗争。

壹 起义军进入海陆丰地区

南昌起义军南下途中几经激战，又兼酷暑行军，部队减员严重。为补充兵力，南昌起义前委书记周恩来派刘立道前往海陆丰联系海陆丰党组织，拟请招兵 2000 人，并请支持招兵费用。10 月 2 日，刘立道赶到海丰黄羌圩，见到中共海陆丰县委书记张善铭，传达周恩来指示，请海陆丰县委加快招兵补充部队以策应南昌起义部队。海陆丰县委马上行动起来，全力筹钱招兵，仅用 1 天时间即筹款 1 万元支援起义部队，招集到第一批 700 多名青年新军奔赴前线。10 月 4 日早，刘立道和海丰县农军总指挥林道文带领 700 多名新兵从黄羌圩出发驰援南昌起义部队，经河田到达揭阳河婆。但战争瞬息万变，南昌起义军

● 接应南昌起义部队七百勇士出征处牌匾

● 接应南昌起义部队七百勇士出征处现状图

● 接应南昌起义军七百勇士出征处（历史照片）

主力在揭阳、潮州和三河坝接连失守，当得知起义军已在普宁流沙遇袭失败并陆续撤退至海陆丰地区，700 多名新兵只得从河婆返回。与此同时，海陆丰县委组织了 30 个挑夫，挑着银元经普宁赶赴汕头，急援起义部队。

10 月 3 日，前委书记周恩来召开流沙会议，检讨之前几次重大战斗失败的原因，确定善后办法，并决定向海陆丰撤退。流沙会议开会时，前卫部队第二十军的第一师和第二师已先向陆丰进发。会议尚在进行之时，接到敌军前来袭击情报，参加会议人员以及总指挥部机关人员随同后卫部队第十一军第二十四师撤出了流沙。部队行至普宁池尾莲花山时，遭遇敌军伏击，领导机关被冲散，互相失去联系。

10 月 5 日，莲花山之战后的二十四师七十团团长董朗率余部到达陆丰甲子，途中与董正荣余部会合，沿途又陆续收集了其他一些零散的武装队伍，共 1300 余人。

贰 起义军领导人安全转移

周恩来陆丰脱险

10 月 7 日，周恩来、叶挺、聂荣臻在中共汕头地委书记杨石魂的陪同下，到达陆丰。周恩来等人从湖东区辗转到达南塘区，在陆丰县委的精心保护下，住在南塘李厝乡李妈良的油车间，后转移至兰湖村，然后再转移到金厢黄厝寮村黄秀文家。时患重病的周恩来在中共陆丰南塘区委书记黄秀文细心安排照护下，在黄厝寮住了十几天。10 月 23 日晚，周恩来、叶挺、聂荣臻在陆丰金厢洲渚村海边抢渡碣石湾前往香港。

【一张红毯的故事】

周恩来等人在党组织的安排下，由中共地下党员、南塘区商会会长郑绪文从李厝乡护送到中共南塘区委临时办公点所在地兰湖村。南塘区委安排周恩来等人住在兰湖村农会会员郑太岳

● 周恩来兰湖村居住旧址侧面图

● 周恩来兰湖村居住旧址内部陈列图

● 周恩来兰湖村居住旧址正门

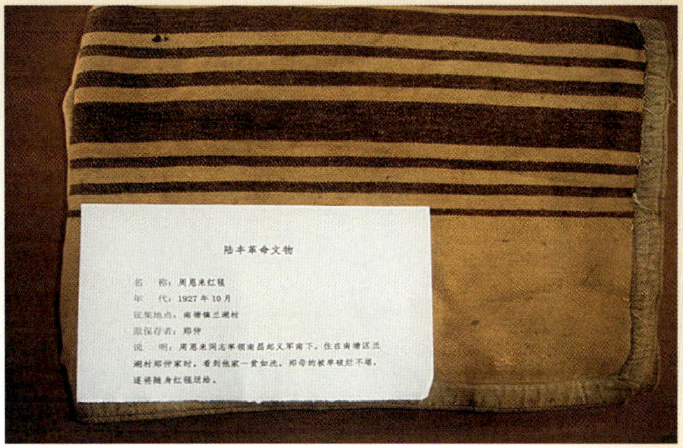

● 周恩来送给兰湖村郑母的红色毛毯，现珍藏于陆丰市文物馆

家中，兰湖村农会会长郑仲上山采集中草药为周恩来治病，郑太岳母亲负责周恩来等人的饮食起居。

当时，郑太岳、郑仲等人并不知道周恩来同志的身份，但他们依然尽心尽力予以照顾。周恩来同志受到郑太岳家人无微不至的照顾，临别前他看到郑太岳家中一贫如洗，郑母是用破麻袋作被子盖，便将自己使用的毛毯送给了郑母。

【重病藏身黄厝寮】

为安全起见，陆丰县委安排周恩来一行转移到金厢区黄厝寮中共陆丰南塘区委书记黄秀文家中隐藏居住，并设法为身患重病的周恩来治病，在此住了十几天。其间，周恩来一边治病一边了解海陆丰的农民运动和武装斗争情况。当他听黄秀文向其汇报南昌起义军徐成章团长把许多枪械送给碣石、金厢等区农军时，十分高兴，插话说："农民武装起来的队伍，应该加紧训练，提高战斗力，才能战胜敌人。"当周恩来听到董朗率领千余起义军已经进入海陆丰农军防地时，更是兴奋异常。他说："这就好了，革命军队和农民相结合，南昌起义的革命火焰，又要在海陆丰猛烈地燃烧起来了。"在赞扬海陆丰农民革命热情的同时，周恩来还反复嘱咐黄秀文要继续扩大工农革命军的力量和发展党组织，保证党的领导作用，为党的事业鞠躬尽瘁。养病之余，周恩来给同志们讲《共产党宣言》《中国社会各阶级分析》，讲革命形势，使大家深受教育。周恩来在黄厝寮居住期间，黄厝寮村村民尽职尽责做好安全保护工作，无一人泄露行踪。为了让周恩来身体尽快恢复，黄秀文的父亲黄依成还特意买回一条3斤多的鲜鱼，让周恩来补身体。

（根据黄秀文回忆录《难忘的日子》整理）

黄厝寮周恩来活动旧址正面图

黄厝寮周恩来活动旧址正面远景图

黄厝寮周恩来活动旧址正厅

【洲渚村抢渡碣石湾】

洲渚村是当时金厢区农运最活跃的村之一，群众基础好，又有前期运送徐成章团起义军战士的经验，周恩来一行和当地党组织、农会负责人商定在该村择机抢渡碣石湾。在秘密妥善解决船工和渔船问题之后，黄秀文紧急召集党员、农会会员加强对洲渚海边、观音岭、狮山大岭和金厢港等地方的防患布控，确保做到万无一失。

10 月 23 日晚上，风平浪静，是抢渡碣石湾的好时机。周恩来、叶挺、聂荣臻等在杨石魂、黄秀文的陪同下，来到洲渚村海边，与船工会合后，登船离开金厢。黄秀文安顿了周恩来同志在船舱里休息，便出来船头值守。半夜以后，船工告诉黄秀文，已经越过了匪船出没的海面，他们已经顺利地渡过险境，大家都很高兴。一路上，船颠簸得很厉害，周恩来同志一夜也没安睡。

25 日，船只安全到达香港长洲岛。随后，周恩来从香港转回上海，回到党中央。叶挺、聂荣臻转战广州，参加领导广州起义。

● 周恩来渡海处纪念碑近景

● 赖少其题诗

● 周恩来渡海处纪念碑正面远景图

南昌起义军领导人甲子港安全转移

1927年10月3日流沙会议后，南昌起义官兵陆续到达了陆丰。东江特委、海陆丰县委组织革命群众精心策划安排，想方设法掩护他们安全离境。5日，先后到达甲子的领导人有贺龙、刘伯承、彭湃、恽代英、谭平山、吴玉章、林伯渠、张国焘、李立三、陶铸、姜济寰以及不少团营级官佐。7日，他们陆续离开甲子，辗转乘船抵达香港。起义军总政治部主任郭沫若及一批官兵到达陆丰湖东，然后转往惠来县神泉前往香港。

● 南昌起义领导人甲子转移集结地

徐成章团长赠送枪支

起义军另一支突围部队 500 余人在团长徐成章率领下，几经周折到了陆丰南塘，与中共南塘区委书记黄秀文取得联系。党组织安排他们分别到碣石虎布村、湖坑村、草洋村，金厢洲渚村等地宿营，由当地农会安排护送他们乘船前往香港。临行前，他们将百余枪支送给碣石和金厢当地农军。徐成章到香港后转赴海南，任琼崖工农革命军东路总指挥，1928 年 2 月牺牲。

● 徐成章

南昌起义将士红海湾遮浪渡海

1927 年 10 月，在红海湾遮浪海面负责警戒的农会会员截获了一艘渔船，船上载着二十几名中青年人。这些人多操普通话口音，农会会员们一开始怀疑他们是来犯国民党散兵，就把他们抓了起来。被抓的人看到农会会员竹笠上打着农会标志，便说明他们是南昌起

● 南昌起义军领导人甲子渡海处全景

● 南昌起义军领导人甲子渡海处远处海边

义的战士，他们在潮汕地区受挫，组织上安排他们渡海撤往香港。经查证，他们确实是南昌起义的战士和指挥员，其中有团长 1 人，营长 1 人，革命委员会科长数人；有几名是武汉革命学校的学生；还有一名女战士，名袁俊德，她原在革命委员会保卫科工作。为了妥善处理这一事件，当地党组织向海陆丰县委请示，县委指示当地党组织将这批将士安置在农会控制区内较为安全的大德岭下的小山庄住下，并给予补给。过了几天，天气稍好，遂安排这批官兵分别从遮浪港、小澳港转移到香港。

起义部队在潮汕地区遭遇几次激战，伤亡严重，再经流沙一役，起义军领导集体受到冲击，分散撤退进入海陆丰地区。海陆丰县委和各区党组织、农会克服千险万难，排除一切干扰，实现精准对接，确保保守秘密，保证一切供应，光荣完成上级组织交给海陆丰党组织和人民的重大任务，将这批重要领导人万无一失地安全转移到香港。难能可贵的是，在那腥风血雨的白色恐怖年代，这批重要领导人没有一个因走漏秘密、叛徒出卖被捕被杀，实现百分之百安全转移，零被捕、零被杀。这些重要领导人中，很多是人民军队奠基者、缔造者，更是以后新四军、八路军、解放军的创建者，是新中国的开国元勋。海陆丰人民为保护住这批重要领导人，保护住中国革命的火种，历经艰险，殚精竭虑却始终赤胆忠诚，一心向党，为中国革命作出了巨大贡献。

南昌起义军领导人甲子渡海处

叁 起义军余部的数次整编

广东省委对转战东江的南昌起义军余部十分关心。10 月 8 日，南昌起义军部分负责同志与广东省委部分负责同志在香港召开联席会议，分析了广东的政局，决议各地仍用革命会的名义指挥暴动："军队则抛弃国民革命军和名称和建制而称为工农革命军"。15 日，中共中央南方局和广东省委举行联席会议，再次讨论南昌起义军余部的改编以及当前政治形势和任务。会议决定：一、南昌起义军余部以及全省的工农武装一律改称工农革命军，工农武装能离开本县的可合并编入军队称工农革命军第几师；不能离开本县的称工农革命军独立第几团或营。二、南昌起义军余部改编后，立即"开始宣传鼓动农民革命，并杀土劣，没收地主（小地主在内）的土地，解除反动武装等工作"；部队直接受中央南方局指挥。三、工农革命军所到地方应有拼死绝不反顾的决心，尽死力发动农民武装起来夺取土地与政权。四、工农革命军之给养，务使有计划的筹备。军队应有负责人员专管没收、征发富商、地主以充军饷之财产、米谷。军队应密切联系农民群众，"兵民愈融洽打成一片，则革命前途愈光明，而易于发展"。①

（一）第一次整编：工农革命军第一大队

10 月 6 日，董朗率领南昌起义军余部抵达陆丰博美内湖，与前来接应的海陆丰县委负责人郑志云、张威接上头。7 日傍晚，董朗部队在当地党组织向导的带领下绕开陆丰县城，经大安、河口抵达陆丰新田区参城乡。当天，该区农会立即组织群众，热情接待起义部队。一路辗转战斗，历经艰难困苦的全体官兵得以饱餐一顿。得到休

① 《最近工作纲要》（1927 年 10 月 15 日），载 1927 年《广东省委通讯》第 2 期。

● 内湖乡接应南昌起义军部队遗址（内湖寨村大埕）

● 内湖乡接应南昌起义军部队遗址（内湖寨大埕正门）

整的部队于当晚转移进入山区，到达农军后方阵地激石溪三江口。董朗部队抵达激石溪后，海陆丰县委连夜通知邻近激石溪的各乡，派人于次日慰问起义部队。各乡农会收集了很多慰劳品送到三江口，一些邻近的农民把病弱的士兵安顿在自己家里休养，杀鸡、煮鸡蛋、做米稞犒劳战士。

● 南昌起义部队到达激石溪休整地遗址近景

● 激石溪农民慰劳南昌起义军（历史照片）

10 月 9 日，董朗部队到达东江特委和海陆丰县委驻地朝面山。海陆丰县委带领当地群众给起义军送粮、送柴、送衣服，帮助起义军搭寮建营房，挖战壕防守。东江特委请来裁缝师傅和理发工人，为战士制服装及理发，发给饷银等。

10 月 12 日，南昌起义军余部 1000 多人进入惠阳高潭镇中洞村（今属惠东县）。在此前后，脱离第二十军的零星官兵也陆续到达中洞，其中有起义军改编后任红二师参谋长的王备。经过两个多月长途跋涉和多次战斗，南昌起义部队因给养不足，伤病员增多，存在一定埋怨和失望情绪。为稳定军心，东江特委、革委和海陆惠紫边界农民以及各乡代表前往起义军驻地慰劳。13 日，附近各地农民纷纷派出代表，挑着稻谷、花生、蔬菜，抬着生猪慰劳起义军。东江特委派林道文和杨望负责，为起义军一次送去 500 担稻谷作为部队军粮，筹款为起义军发饷，调集布匹为起义军做军服，并发给斗笠、草鞋、毛巾等日常生活用品，请医生为起义军伤病员看病。

为了稳定军心，克服失败情绪，东江特委书记张善铭亲自做他们的思想政治工作，讲述海陆丰地区的光荣革命斗争历史，鼓励大家树立革命信心，在党的领导下，和海陆丰人民一起战斗，投身武装斗争和土地革命。经过多次宣传解释，官兵们逐步认清了形势，提高了思想觉悟，坚定了革

● 高潭区苏维埃政府办公旧址正侧面

● 高潭区苏维埃政府办公旧址远景

命信心。

10 月中旬，在朝面山和惠阳中洞一带，东江特委改编董朗所率部队，决定部队取消原来番号，改称为工农革命军第一大队，改青天白日旗为中国共产党党旗，亮明了身份，公布了番号，树起了旗帜，公开表明这支部队是中国共产党独立领导的革命军队。

● 高潭老苏区革命纪念堂前景

（二）第二次改编：工农革命军第二师第四团

南方局和广东省委联席会议后，中共中央南方局多次派人联系朱德、陈毅率领的起义部队，同时建立由香港至海丰港口和通往中洞、朝面山交通线。南方局提出对南昌起义保存下来的队伍进行改编：朱德、陈毅率领的部队为工农革命军第一师；在海陆丰的部队为工农革命军第二师。10 月 20 日前后，省委委派颜昌颐来到海丰，与东江特委、海陆丰县委研究起义军二十四师余部正式改编问题。根据中央南方局和中共广东省委决定，南昌起义军余部以及全省的工农武装一律改称工农革命军，由朱德和陈毅率领的部队改称为工农革命军第一师，在海陆丰的部队改称为工农革命军第二师。考虑到当时工农革命军人数不足 1 个师编制，对外名义上是一个师，但实际只建立一个团，即工农革命军第四团，董朗任团长，颜昌颐任党代表，团部下辖两营，张宝光任第一营营长，刘立道任第二营营长。在部队中成立了工农革命军第二师中国共产党特别委员会，团、营、连干部均由中共党员担任。颜昌颐担任第二师师委书记兼第四团党代表。对于原部队中非中共党员的，愿意离开的让其离开。第二师师部设在中洞村百庆楼。这次改编打破雇佣制，在军队内部实行民主制度，随后在团、营、连由士兵组织经济委员会，并在各连设立一个小规模的俱乐部。

为期近十天的中洞改编，确定了中国共产党对军队的绝对领导，保证了工农革命军的无产阶级性质，使它成为执行中国共产党的政治任务的武装力量。改编明确了工农革命军的性质、任务以及党在军队中的领导地位等重大原则问题，为人民军队的创建作出了具有时代意义的贡献。特别是在确立“党指挥枪”这个重大原则上，与三湾改编是一致的。

百庆楼——红二师师部旧址

● 中洞红军井旧址全貌

为支持红二师，加强中洞后方基地建设，东江革委明确提出几项工作：一、征粮。“征收粮食的原因，是为要供给第二师伙食，准备反动势力到时，红二师可退回中洞（后方根据地），无缺乏粮食之虑”。征收办法是，用东江革命委员会名义，向群众说明征粮食原因。接着，在海陆惠紫四县各区乡组织征粮食委员会，由7—18人组成，内设主任及宣传股、征收股，专负此责。征收计划是3200担米谷，任务分配到各县，即海丰县1500担，陆丰县1000担，惠阳县500担，紫金县200担。按此分配任务，每乡平均只是纳一担半或二担便可。为减少运费起见，并定以银折谷办法。农民群众对此“表示十二分愿意输纳”，“这些粮食征收后，即输送到中洞收藏”。二、筹款。为了解决党的活动经费和红2师费用，一是没收地主、土豪劣绅的财产，二

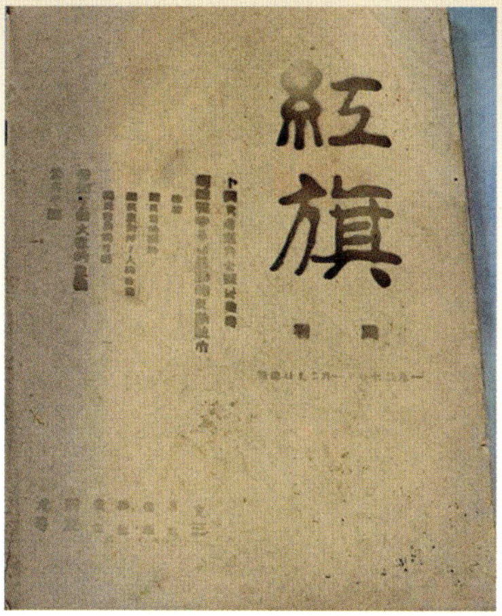

● 苏维埃政权建立后，为加强中洞后方基地建设，发动农民群众支持和帮助红二师在中洞的各项基本建设。在附近村庄建立的印刷厂印制了《东江暴动简报》《布尔什维克》《红旗周刊》等刊物。除了出版刊物，还印刷了《红二师告东江民众书》《告东江同胞书》等。同时出版书刊和宣传小册子、宣传画等。图为《红旗周刊》

是没收当铺，将其中的金器或收藏，或拍卖；对其他货物则限 7 天内给人以原价的五成赎出；农民用具如犁、锄等，由农民带当票来认，免赎取回。十多日后，海丰、陆丰已经分别筹款 2 万多元和 1 万多元，分送东江特委、革委。东江特委、革委即拨出 2000 元给红二师第四团发饷（标准为兵士每人 1 元，官长 3 元、4 元、5 元不等），并买了几百张毛毡，还给全体官兵每人一套新军装，进一步调动了士兵的积极性。

三、发动农民群众支持和帮助红二师在中洞的各项基本建设。在中洞的肖家祠，建立我军历史上最早的医院（医护人员随军出发进行战时救治，在战时设立的“医疗救护站”成为部队提升战斗力的重要保障），邱家祠建立军人俱乐部，在附近村庄建立兵工厂、军服厂及印刷厂等。同时还在中洞最高点构筑碉堡和战壕等军事设施，设立电话所，架设通往激石溪、炮子、高潭、黄羌和海城的电话。经过一系列的建设，使中洞成为红二师和东江特委、革委重要的后方基地。

● 红二师成立后，在高潭中洞相继创立了我军历史上最早的兵工厂、被服厂、医院、俱乐部和印刷厂等机构。图为兵工厂生产的子弹、手枪

● 红军前哨使用的电话

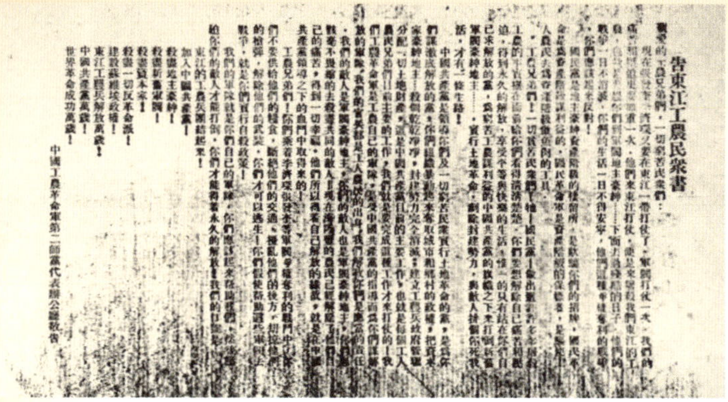

告東江工農民衆書

親愛的工農兄弟們，一切窮苦民衆們：

[illegible]

東江的工農兵團結起來！

加入中國共產黨！

殺盡地主豪紳！

殺盡新舊軍閥！

殺盡資本家！

殺盡一切反革命派！

建設蘇維埃政權！

東江工農兵解放萬歲！

中國共產黨萬歲！

世界革命成功萬歲！

中國工農革命軍第二師黨代表辦公廳敬告

● 红二师党代表办公厅印发的《告东江工农民众书》

● 红军印刷厂的印刷机器

● 红军被服厂旧址

（三）第三次扩编：工农革命军第二师正式成立

广州起义失败后，广东省委讨论了扩充第二师的问题，接受了彭湃关于将海陆丰县委组建的东江工农革命军并入第二师成立第五团建议。12 月 18 日，广东省委致信东江特委，要求东江特委及所属各县委：要扩充工农革命军第二师，组建第五团，“工农革命军第二师师长暂由董朗代理，第 4、5 团团长由东委决定”。根据这一指示，第二师正式组建第五团，第五团的士兵从海陆丰农军中挑选出来的积极分子共 500 多人，刘立道任团长，彭桂任副团长，张寿微为党代表。第五团下辖两个营，由高山子、于以振任营长。各连连长和营党代表由海丰县的党员干部担任。

至此，工农革命军第二师正式成立，下辖 2 个团，师部设在朝面山，董朗任师长兼第四团团长，颜昌颐任师党代表兼第四团党代表，王备任师参谋长。中共第二师师委以颜昌颐为书记，何一平、张德大等为师委常委。同时，设立党代表办公厅，秘书彭仕华，经理处长蓝新，工作人员有傅兆丰、吴陶、周铁忠等。第二师全部官兵包括军乐队及后勤人员约 1800 人，其中第四团中能随时上前线作战的战斗兵约 700 人。第二师扩充后，成为东江地区的主力部队，在创建海陆丰革命根据地中发挥了十分重要的作用。

（四）改称红二师

1928 年 5 月 25 日，中共中央发出第 51 号通报，规定各地工农革命军一律改称“中国工农红军”，简称红军。工农革命军第二师的正式番号改为工农红军第二师（简称红二师）。

中国工农红军第二师序列

师长：董朗

师党代表：颜昌颐

师参谋长：王备

第四团：

团长：董朗

团党代表：颜昌颐

第一营 营长：张宝光

第二营 营长：刘立道

第五团：

团长：刘立道

副团长：彭桂

团党代表：张寿微

第一营 营长：高山子

第二营 营长：于以振

红二师成立后，在黄羌坪岭范氏宗祠设立后勤处，由公平区委黄羌特支书记曾雄负责安排粮食运输、送信、翻译、向导等勤务。为治疗战斗中受伤的官兵，在激石溪石碓涵和黄拐塘、黄羌墟下寨丘氏宗祠、中峒肖氏宗祠等地设立多处红军医院。

● 红二师师部纪念地（海丰县黄羌林场朝面山）

● 红二师后勤处旧址（历史照片）

（一）董朗

董朗（1894—1932），四川省简阳县人。1924 年 4 月，受党组织调派报考黄埔军校，毕业后留校。先后参加两次东征、北伐战争、南昌起义等。1927 年，率南昌起义部队二十四师余部 1300 余人到达海陆丰，后任中国工农革命军第二师师长，为保卫海陆丰苏维埃政权、建立和发展海陆丰根据地作出了突出贡献。1929 年离开海陆丰到上海工作。1932 年 10 月，在湘鄂边区肃反中被诬陷错杀，时年 38 岁。

● 董朗

（二）颜昌颐

颜昌颐（1898—1929），湖南省安乡县人。1922 年初在上海加入中国共产党。1924 年赴莫斯科东方大学学习。1925 年 9 月参与筹组中央军事部（后改称中央军委）。1926 年参与组织和指挥上海工人三次武装起义。1927 年 10 月，受党组织委派到海陆丰任中国工农革命军第二师党代表、东江特委军委主任，与董朗领导红二师转战海陆丰、潮普惠。1928 年 11 月到上海，任中央军委委员兼江苏省军委委员、江苏省军委秘书。1929 年 8 月在上海和彭湃、杨殷、邢士珍等人被国民党反动派抓捕杀害，牺牲时年仅 31 岁。

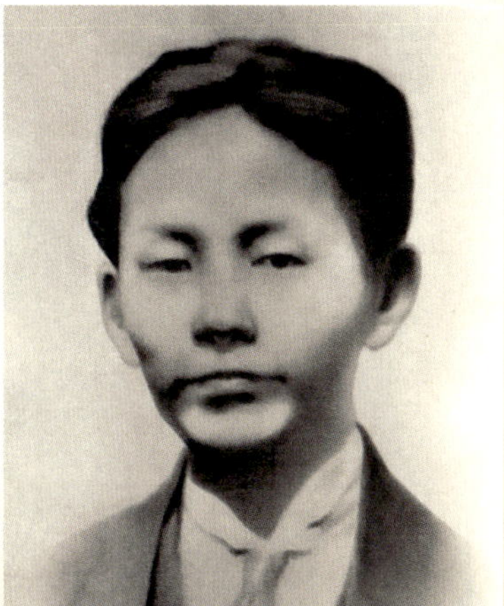

● 颜昌颐

（一）《聂荣臻元帅回忆录》节选

那条船，实在太小，真是一叶扁舟。我们四个人——恩来、叶挺、我和杨石魂，再加上船工，把小船挤得满满的。我们把恩来安排在舱里躺下，舱里再也挤不下第二个人。我们三人和那位船工只好挤在舱面上。船太小，舱面没多少地方，风浪又大，小船摇晃得厉害，站不稳，甚至也坐不稳。我就用绳子把身体拴到桅杆上，以免被晃到海里去。这段行程相当艰难，在茫茫大海中颠簸搏斗了两天一夜，好不容易才到了香港。到香港后，杨石魂同志同省委取得了联系，把恩来同志安置下来治病，以后他就走了。

——《聂荣臻元帅回忆录》，解放军出版社 2005 年版

（二）黄秀文回忆难忘的日子

——记一九二七年周恩来同志到陆丰

……

第二天中午，又接到杨石魂同志来信，通知我即晚九时派两个绝对可靠的党员到锁城岭迎接周恩来同志和叶挺军长，并且说，必须绝密地封锁消息，认真做好警卫工作。我一看这信简直乐得心里开了花，我揉揉眼睛，再仔细看信，分明不错。周恩来、叶挺同志就要来我家了，这是何等高兴的事！

……

一次，我进房去的时候，周恩来同志正和两个警卫员一起坐在草铺上，认真地教他们学文化。周恩来同志看见我进来了，就站起来笑着对我说：“这两个江西老表学的还差不多哩！”那时我深深给那亲密的阶级友爱所感动。想起自己对下级干部关怀得不好，甚至粗暴地对待干部的缺点时，不禁刷地脸红了。

过了一会，周恩来同志忽然问起我念过几年书。我告诉他曾到城里念过高小。接着他又问我：“读过毛泽东同志著的《中国社会各阶级的分析》这篇文章没有？”

我说：“没有。”

周恩来同志非常恳切地说：“应该读。搞农民运动的干部不读这篇文章是不行的。”又问：“《共产党宣言》读过了吗？”

我怪不好意思地再次说：“没有。”

“啊！这是必须读的。”周恩来同志说着踱到我的跟前，靠近我坐下，非常温和地说：“秀文同志，你应该懂得，现在革命斗争正在进入艰苦的阶段，很需要无数忠于党的革命干部，懂得革命真理，掌握阶级斗争的策略，才能有远大的奋斗目标，在风浪中前进。因此，要认真地学习革命理论，从实际出发，指导革命斗争。你说是吗？”

“是。首长，我过去就是强调困难！以后保证要认真学习好。”一种激动的心情使我站了起来。

——原载《工农兵》1959年第八本

第五章 东江播星火

南昌起义军余部到达东江不久，广州起义军余部也来到东江地区，两支部队分别改编为红二、红四师。红二、红四师在农军积极配合下，不断取得开创革命根据地的胜利，东江红色区域得以逐渐扩大。东至普宁大南山，西至惠阳新庵（今惠东县）、多祝（今惠东县）山区，包括了海丰、陆丰、紫金、惠阳、五华、惠来、普宁、潮阳一部，涵盖200多里，所属人口接近300万。在这个过程中，取得宝贵的土地革命和武装斗争的经验和教训，保留了革命的火种，锻炼和培养了一大批建军骨干，为创建、发展、壮大中国共产党领导的人民军队，作出了巨大贡献，为开辟和发展东江革命根据地发挥了重要作用。

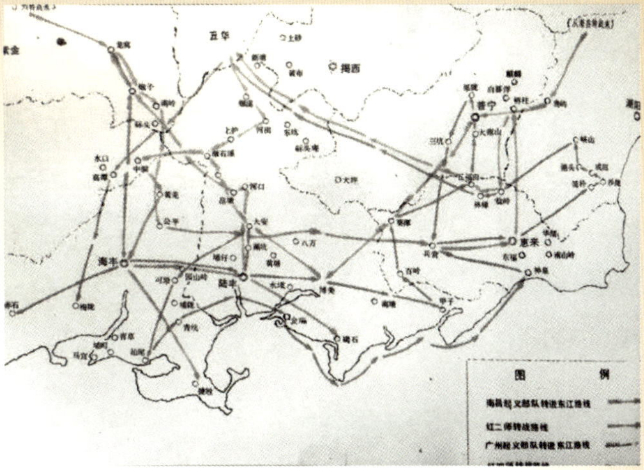

● 红二、红四师东江征战示意图

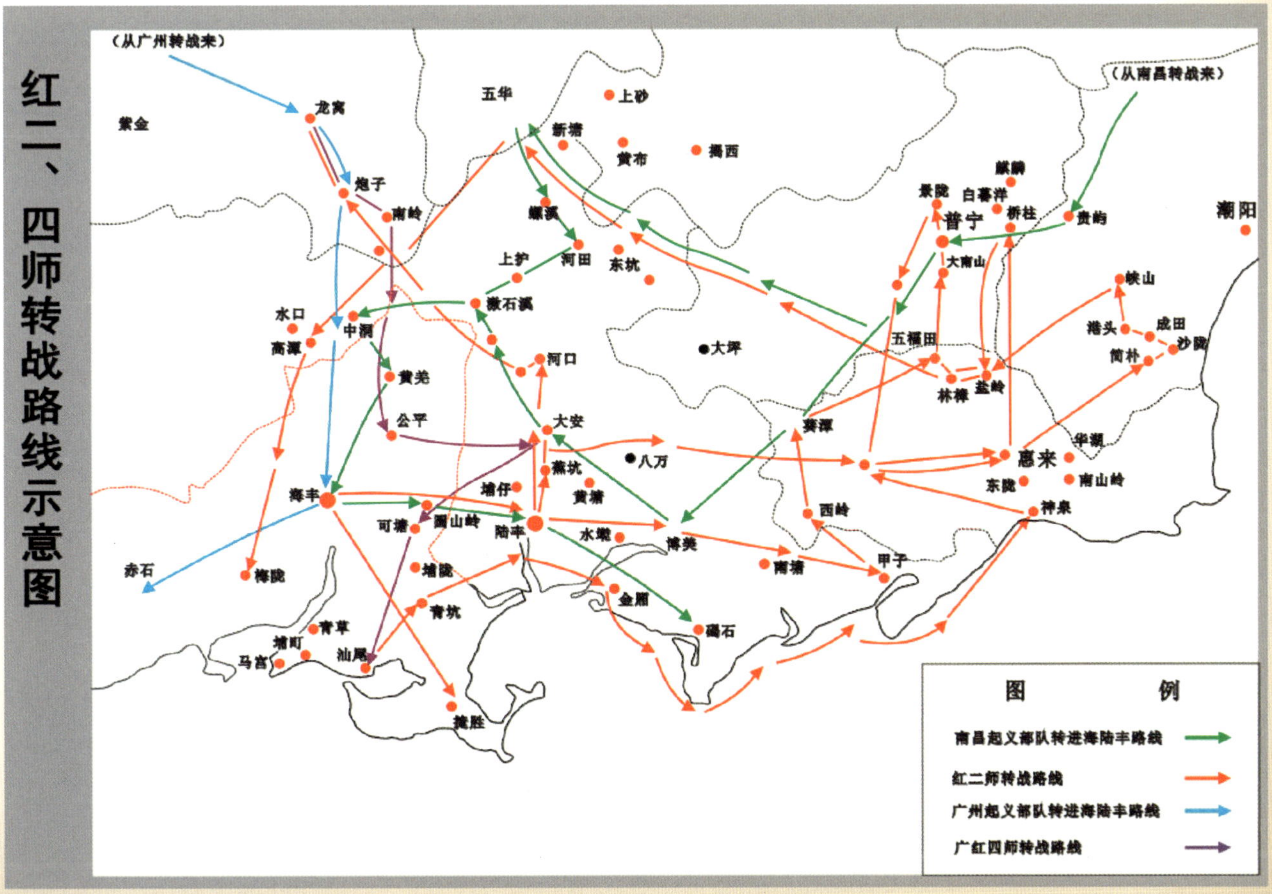

● 红二、红四师转战路线示意图

壹 保卫苏维埃

红二师参加了海陆丰第三次武装起义，参与创建了中国第一个县级苏维埃政权——海陆丰苏维埃政权。在这前后，红二师参加了攻打碣石城、捷胜城及消灭杨作梅保安队之战，使海陆丰苏维埃政权有了安定环境，得以开展土地革命，推动苏维埃政权的各项建设，为扩展和保卫海陆丰革命根据地作出突出贡献。

（一）参加海陆丰第三次武装起义

1927 年 10 月，工农革命军第二师第四团成立不久就参加了海陆丰第三次武装起义。根据起义计划，第二师第四团第一营留驻海丰，第二营移师陆丰大安。10 月底，驻扎在陆丰、公平、汕尾的敌军陈学顺团

● 海丰县黄羌林场红二师纪念园

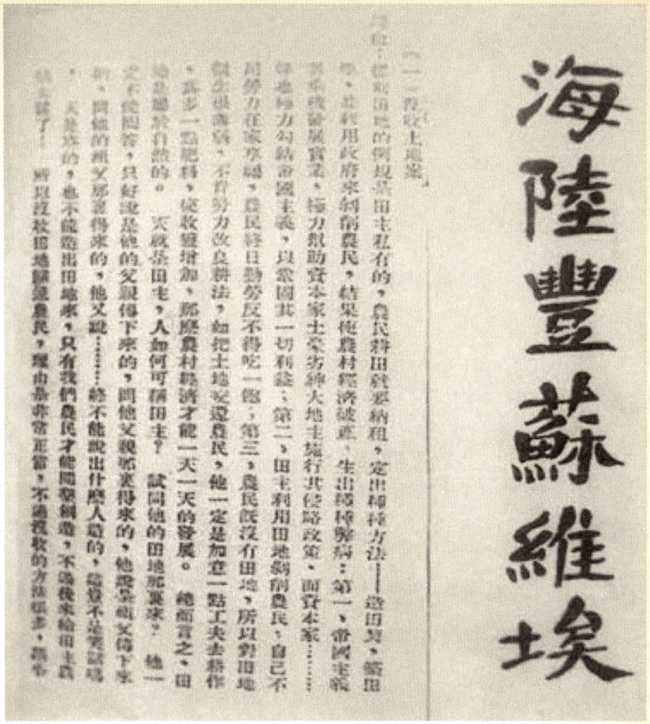

海陸豐蘇維埃

（二）沒收土地案

理由：從前田地的例規是田主私有的，農民耕田就要納租，定出種種方法——造田契，繳田畝，並利用政府來剝削農民，結果使農村經濟破產，生出種種弊病：第一，帝國主義者與商業資本家，極力幫助資本家土豪劣紳大地主施行其侵略政策，而資本家……帶着極力勾結帝國主義，以鞏固其一切利益；第二，田主利用田地剝削農民，自己不用勞力在家享福，農民終日勤勞反不得吃一飽；第三，農民既沒有田地，所以對田地很不熱心，不肯努力改良耕法，如把土地交還農民，他一定是加意一點工夫去耕作，多一點肥料，使收穫增加，那麼農村經濟才能一天一天的發展。總而言之，田地是屬於我們的。天底下田主，人如何可稱田主？試問他的田地那裏來？他一定不能回答，只好說是他的父親傳下來的，問他父親那裏得來的，他說是祖父傳下來的，問他的祖父那裏得來的，他又說……終不能說出什麼人造的，這豈不是笑話嗎，天是天的，他也不能造出田地來，只有我們農民才能開墾耕種，不過後來給田主霸佔去了！所以沒收田地歸還農民，理由是非常正當，不過沒收的方法很多，我今

● 1927年11月，中共东江特委在工农兵代表大会上通过了没收土地案

集中海丰县城，准备撤离海陆丰。海陆丰县委、二师特委获悉敌军集中预备逃走的情况后，命令第四团及两县工农革命军团队，按原定部署即刻举行起义。10月30日，驻海丰北部山区黄羌的第四团第一营和公平区农军进入庵前村，捕杀反动地主数十人，随后进驻公平，拉开海陆丰第三次武装起义序幕。11月1日，第四团第一营与工农革命军海丰团队进占海丰县城。

在陆丰，第四团第二营按部署开至陆丰附城附近的神冲村。11月5日，陆丰工农革命军与第四团第二营同时从两个方向向陆丰城攻击，反动民团和保安队守城失败，落荒而逃，第四团第二营与工农革命军陆丰团队进占陆丰县城，取得了第三次海陆丰武装起义的胜利。

11月13日，陆丰县工农兵代表大会在陆城学宫召开，第二师师长董朗、二师四团军乐队10余人参加大会。二师四团军乐队奏起了雄壮的《国际歌》，使大会大为增色。11月18日，海丰县工农兵代表大会在海城学宫召开，第二师师长董朗、党代表颜昌颐参加大会。

（二）铲除反革命势力

1. 攻打碣石城

海陆丰第三次武装起义胜利后，为铲除逃窜到碣石的陆丰反革命残余势力，11月8日，彭湃与董朗率二师第四团到达陆丰追击反革命残余势力。10日晚，彭湃抵达碣石城外玄武山，设立攻城指挥部。11日，工农革命军第二师第四团与陆丰东南各区工农武装2000多人齐集玄武山，直扑碣石城，分头猛攻，各地主民团、保安队全部退守城内。彭湃等人考虑到碣石城颇为坚固，决定将二师四团调回海丰休整，围困碣石城任务则交农军负责。农军对敌军围而不打，坐待城内缺粮自乱。12月12日，困守碣石城的保安团弃城逃跑，工农武装伏击拦截，碣石城收复。

2. 攻打捷胜城

11月18日，二师第四团从碣石回师海丰后，全体官兵列席参加海丰全县第一次工农兵代表大会。会议一致通过，派二师第四团一个营增援攻打捷胜城。19日，由董朗率兵，主攻捷胜城北门，林道文率公平、梅陇、捷胜农军，主攻西门，黄雍率东南五区农军主攻东门。经过两个小时的激战，捷胜城被攻下。

● 红二师碣石作战指挥部旧址内部照片

● 红二师碣石作战指挥部旧址牌匾

● 红二师碣石作战指挥部旧址一楼全景

● 昂塘时雍楼战斗旧址（历史照片）

3. 攻打河口昂塘时雍楼

12 月初，根据东江特委命令，二师第四团一营前往陆丰西北部，协助宣传发动农民武装反抗杨作梅保安队。18 日，部队协同河口、河田、新田各区农军，向河口圩进攻，敌人步步败退至米筛岭、昂塘时雍楼。19 日，敌人向我军缴械投降。

4. 发展年关大暴动，扩大海陆丰革命根据地

1928 年 1 月 5 日，红四师到达海丰县城，与红二师胜利会师。1 月 14 日，东江特委制订东江暴动计划，决定红二师向紫金、五华方面发展农暴。为更好发展年关大暴动，彭湃先后选派 70 多名农运骨干到各地指导开展工作，带领当地农军配合红二、红四师开展武装暴动，建立各地苏维埃政权。

5. 紫金南岭、黄布之战

1928 年 1 月 18 日，红二师向紫金南岭出发，帮助当地农民进行暴动。由于南岭地势险要，易守难攻，红二师采取“步步肃清”的战术，向前推进。2 月 1 日，南岭地主堡垒全部肃清。南岭攻下后，红二师第五团和紫金农军联合北上围攻东溪田地主民团，在当地的农民

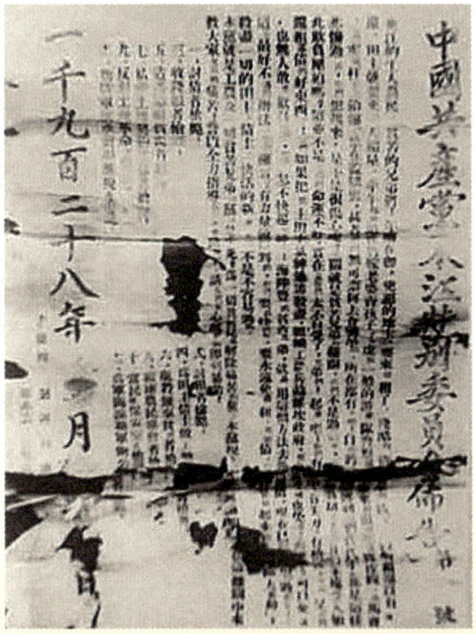
中國共產黨
一千九百二十八年
月
日

● 1928 年 1 月初，根据中共中央和广东省委的指示，中共东江特委号召东江各县党组织发动广大农民，掀起年关暴动。图为年关暴动《布告》

● 红二、红四师红场会师纪念雕塑群

● 红二师南岭作战指挥部旧址全景

配合下，战斗进行得很顺利，接着乘势进逼黄布，至2月18日攻下黄布。

6. 陆丰黄塘、仑岭、欧田暴动

南岭、黄布虽然相继被攻下，但红二师也付出惨重代价，前后阵亡200余人，加之缺乏子弹，陆丰西北区又告急，因而无力按原定计划向五华龙村、梅村发展。为此，东江特委改变了计划，派颜昌颐往五华与古大存领导的农民武装取得联系，帮助整顿五华党组织和农民武装；红二师第四团则由董朗指挥，转往陆丰河田，分驻东坑，与林铁史指挥的陆丰县赤卫队配合，帮助黄塘、仑岭、欧田等地农民暴动。

2月9日，董朗率第四团从东坑转战山仔下，抄过牛角陇屋后大山，10日拂晓，会同当地赤卫队向黄塘圩进击，攻下黄塘。次日，又进驻敌人防地仑岭，敌军遂逃往上砂乡。

2月16日，红二师第四团发动螺溪农民举行暴动，进攻欧田地主民团。欧田民团急向上砂乡民团求援，上砂民团调130人连夜来助守。次日黎明，第四团从欧田水口率先向地主民团发起冲锋，太平围、螺溪农民赤卫队赶来助战，欧田圩即被攻破。

黄塘、欧田、螺溪农民暴动的成功，打通了陆丰、紫金通往五华红色区域的道路。至此，除上砂外，陆丰全境获得解放。

（三）保卫海陆丰根据地的战斗

海陆丰苏维埃政权的建立，极大地推动了东江红色区域的扩大，同时也直接威胁着东江地区国民党反动派的统治。1928年2月底，国民党广东当局调集重兵分四路“围剿”海陆丰苏区。为保卫海陆丰苏维埃，东江特委作了如下部署：红二师第五团回海丰防守，第四团看情形流动于紫金第三区及海丰公平一带；红四师共8个连，3个连留守普宁，2个连留在陆丰西北部，3个连于必要时回海丰。

1928年2月29日，敌军向海丰公平进犯，红二师未能及时赶到支援，公平被攻占。3月5日，颜昌颐带领红二师2个营从黄羌赶到公平，在公平赤卫队的配合下反攻公平圩。敌军驻公平圩有一个营，已构筑工事，枪弹充足。双方激战2小时，反攻未能取胜。此战颜昌颐负伤，部队退回朝面山、中洞山区。

3月18日，国民党军第七军第六师黄旭初率部从紫金龙窝进攻炮子圩，红二师一部与紫金农民武装占据有利地形进行抵抗，国民党军以整师兵力压迫红二师师部所在地炮子圩。鉴于国民党军来势甚凶，红二师被迫退往南岭，国民党军尾随而至，红二师被迫再战南岭。随后，中洞、岩石的第一道防线遂为国民党军攻破，红二师主力转而退守紫金和惠阳交界磜头坳。在磜头坳，红二师与农民赤卫队打退了黄旭初部多次进攻，为中洞的后方机关、医院、兵工厂的人员安全撤退上山和转移、储存大量物资赢得了充足的时间。磜头坳失守后，红二师一部在农民赤卫队数百人配合下，又在大坳头抗击黄旭初师和第十五师共数千人联合进攻，结果被包围，面对危急的情况，红二师师部临时决定让第五团全部约200人分散各乡村，第四团及师部直属部队急行军开赴惠来。为了轻装行军，部队将原有4挺机关枪埋于南岭，后被国民党军挖出。

磜头坳和大坳头之战红二师和农民赤卫队牺牲400多人，是保卫海陆丰苏维埃以来最为惨烈的战斗。随着磜头坳和大坳头失守，国民党军旋即进入高潭，占领了海陆丰苏维埃和红二、红四师后方基地中洞，并进行疯狂的烧杀。红二师和赤卫队与黄旭初部在中洞激战3天后，因弹药缺乏，中洞根据地失守。红二、红四师虽然顽强地苦战了一个月，均未能打破国民党的“围剿”。中洞失守后，海陆丰苏维埃区域的圩镇大部分被国民党军占领，海陆丰政权最终失败。据统计，高潭先后有2868人被杀害，其中，全家被杀的有412户。中洞原有900多人，最后仅剩300多人。

3月20日，红二师在紫金磜头坳失利后经激石溪撤退到陆丰河田区东坑乡。21日拂晓，敌军向东坑的红二师发动围攻，企图一举歼灭红二师。红二师奋起迎击，与敌激战，然后主动撤出，越过陆丰与惠来边界山区，到惠来与红四师会合，转战潮普惠。

● 高潭马克思街、列宁街旧址全貌现状

3 月 31 日，广东省委给东江特委发出紧急命令：一、立刻全体动员，组织全海陆丰群众尽所有的力量向国民党反攻；二、动员的总口号是恢复红色的海陆丰；三、各级苏维埃应公开发出各种布告；四、各区应即恢复苏维埃，跟着夺取县城；五、工农革命军第二、第四师绝对禁止调到外地去。东委位置也不得移动，负责同志也不能派往别的县；六、派人与在国民党第五军从事兵士运动的同志联系，策划士兵暴动；七、东委应立即召集东委委员及重要负责同志开会详细讨论规划反攻，对怀疑畏缩、不去指挥群众的东委委员及各区负责人，应调换他们的工作；八、收复海陆丰之后，须注意向西发展，以与惠州暴动联成一片。4月中旬，省委扩大会议召开期间，组织海陆丰问题委员会，对红二、红四师的情况有所了解。

● 高潭马克思街、列宁街旧址现状全景

● 高潭革命烈士纪念碑前景

贰 回师海陆丰

1928 年 4 月 5 日，东江特委召开紧急会议，会议决定，红二、红四师回师海陆丰。会议结束以后，红二、红四师奉命向惠来盐岭集中。4 月 8 日，敌军搜山到盐岭时，与红二、红四师相遇，红二、红四师仓促应战，几经苦战，牺牲数十名官兵才冲出重围。其中红二、红四师有 600 余人由董朗、叶镛、徐向前等率领，经惠来陆丰方向撤往海陆丰。为解决红军的供给困难和减少目标过大问题，红二师由董朗率领驻扎在激石溪、罗畲一带山区。

● 红二师纪念亭（激石溪三江口）

1. 反攻海丰县城

1928 年 4 月 30 日，海丰县委和红二、红四师负责人举行联席会议，会议决定 5 月 3 日反攻海丰县城。因陆丰敌军向红二师驻地激石溪进行“围剿”，5 月 3 日，红二师和公平、新田农民武装未按规定时间到达县城援助红四师，致使攻进海丰城内的红四师遭敌军围困。红四师退出海丰城后，红二师和农民武装才到达海城城郊的五坡岭，发起进攻。因城内敌军赶来助阵，红二师和农民武装腹背受敌，只得撤退。

2. 攻打新田、河口

1928 年 5 月 12 日，董朗率部队 200 余人，在农民赤卫队配合下进攻新田圩，与敌军 1 个营激战 4 小时，后因子弹不足而退出。数日后，敌军调防，新田空虚，红二师和农民赤卫队于 5 月 18 日占领新田，恢复新田区苏维埃政府。24 日，红二师派出 100 余人会同当地农民赤卫队和数千农民进攻陆丰大安区西山约五六个乡的地主民团，获得全胜。26 日，陆丰临时县委集中从河口逃出来的民众与新田赤卫队四五百人，配合红二师 200 余人直捣河口圩，毙民团保安队 20 余人，缴枪 20 余支，并得米、鱼等 20 余担。

● 陆河县新田镇湖坑村新貌（红二师活动地）

为造成革命声势，陆丰临时县委与红二师师委决定乘胜进攻陆丰西北的政治中心河田圩。6 月 5 日，新田、河口两区农民赤卫队 600 余人配合红二师 200 余人，兵分两路向河田圩民团、保安队进攻。民团、保安队来不及抵抗，便被击毙 10 余人，其余或俯首就擒，或四散奔逃。此役救出被捕革命人员和群众 20 余人，缴获囤积的军用粮食物资一大批，然后退回上护乡。

3. 内洋战斗

退守激石溪山区的红二师粮食困难，子弹也无法补充，为摆脱困境，红二师决定向陆丰之东南部发展，希望打通潮普惠，与东江特委取得联系。1928 年 6 月 14 日，红二师离开激石溪，进攻葫芦畲、八万等地反动民团，歼灭部分敌人，缴获甚多。16 日前后到达内洋，除小部留驻在内洋，其余分驻陂沟、大坪。敌军迅即调兵向陂沟、大坪压迫，此时陆丰与惠来普宁的边界也有敌人重兵把守，冲破封锁线去潮普惠已不可能，21 日，红二师撤回激石溪。红二师此行损失严重，除留在陂沟 40 余人枪，失枪 60 余支，人数损失十分之一，尤其是战士士气大为受挫。回到激石溪后，第一连副连长诱骗 20 余人前往罗峯投敌，后又有数十人前往朝面山投敌。

5 月中旬，经过在海丰的东江特委委员杨望、颜昌颐与陈舜仪、林铁史等商量，决

紫金县苏维埃政府旧址大门

紫金县苏维埃政府旧址全景

定成立海丰、陆丰、惠阳、紫金 4 县暴动委员会，以杨望、颜昌颐、陈舜仪、古鸿江、钟灵等为常委，杨望为主席，以统一四县斗争，反对国民党“会剿”。虽然海陆惠紫四县有了统一的指挥机构，但是，由于组织机构不健全，交通受阻等原因，反“会剿”的斗争依然是红二、红四师各自为战，没有形成合力。在反“会剿”斗争中，红军靠采摘红薯叶、挖野菜度日，在树林中过夜。红四师师长叶镛因患疟疾被国民党军抓获并杀害后，师参谋长徐向前继任师长；红二师在向内洋转移过程中多次遭遇国民党军袭击，参谋长林祖霖被俘，政治部主任邓树元牺牲。经过几次战斗，全师仅剩 170 人。

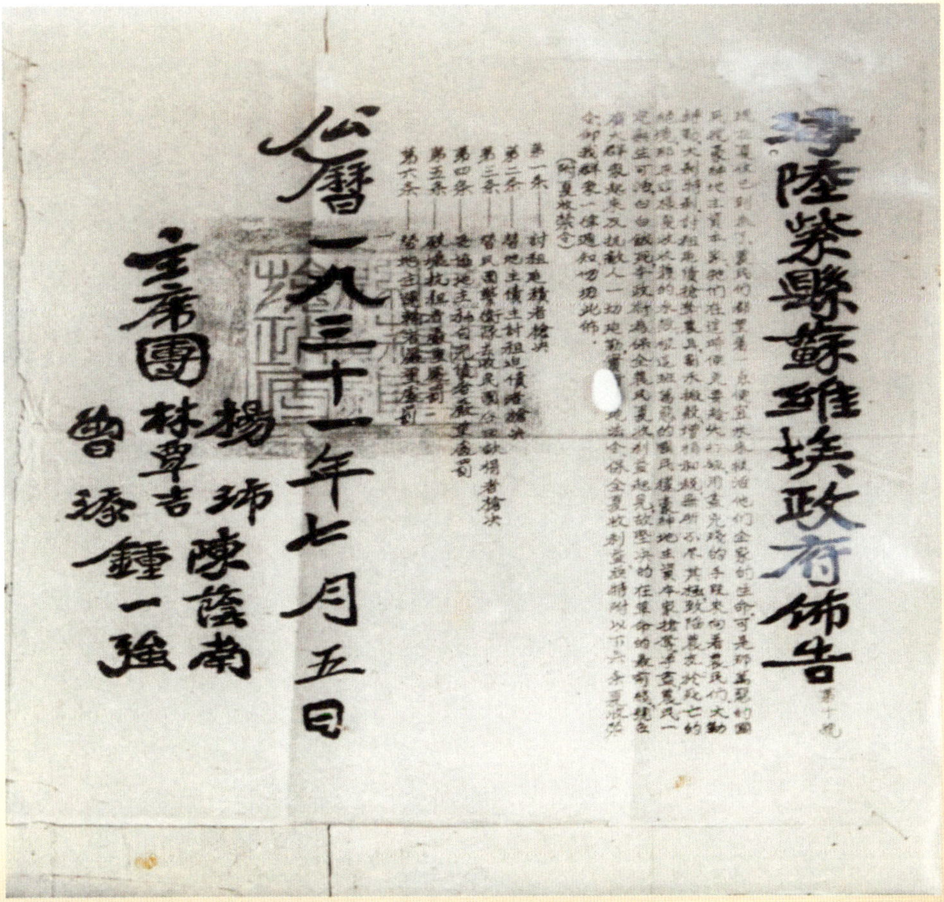
海陸紫縣蘇維埃政府佈告

公曆一九三十一年七月五日

主席團

陳蔭南

鍾一強

● 海陆紫苏维埃政府发出的布告

叁 送红军离境

（一）“送红军出东江”决策始末

海陆丰苏维埃政权于 1928 年 3 月沦陷后，红二师、红四师伤亡惨重，流散不少，5 月反攻县城后被国民党疯狂“会剿”……，处境日益困难。面对国民党军多次“会剿”，红二、红四师付出惨重代价，部队人员大减，战士疲惫不堪，部队官兵情绪低沉，一些人开始动摇，并计划逃往朝面山投奔国民党，部分红军再次提出送他们出东江的要求。

6 月底 7 月初，广东省委对海陆丰红二、红四师反“进剿”情况已经有所了解，并收到东江特委“六·四”“六·二五”两个报告，获悉反攻惠来流产经过。从而对东江地区过去的斗争进行反思，特别是看到盲动错误给革命事业带来的危害。7 月 4 日，广东省委接到东江特委的报告以及听取王克欧的口头汇报后，写信给中央，信中说：“在普、惠、潮之红军，因受暴动失败之刺激及生活之痛苦（无饭吃），‘出东江’的口号很普遍于军中，每个红军同志都要求东委遣回省委另派工作。省委对此决定：最好能把红军同志都要求遣散到农民群众中间去，如果真不愿意干的士兵可遣散，但不必一定派来省委，叫去自去”。在未得到中央答复前，省委指示东江特委，将红军分散到农民家中安置，绝对不能介绍红军出东江。

7 月 7 日，广东省委专门写了一封长达 1.8 万字的信给东江特委，严厉指出要禁止盲动，信中专门谈了在新的形势下红军和赤卫队的处置问题，之后省委又两次致函东江特委、海陆惠紫四县暴委。三封指示信主要内容如下：第二师编制保留，但仍旧禁止利用此部分军力进行盲目斗争；第四师的编制保留，但在组成人员上进行调整，把学生分子分出去，比较进步的拨充二、四师官长，余下的与二、四师撤换之官长组成教导队；新组建的教导队，主要任务是研究军事党务工作，以养成红军合用的干部人才，兼使党务工作人员善于与红军合作；散在普、惠方面的第二、第四师官兵，应向二、四师大部队方面集中，而且四师须受二师师长之指挥；红军士兵要求出东江，绝对不能容许；不可存避免红军目标以免国民党攻击之错误观念；红军在军事行动的方针上，仍要取游击的进攻方式，游击进攻与防御，都要注重军事的利益，不能为群众做自己所不能做的事；红军要帮助红色乡村之清乡[①]联防；设立政治委员制度；红军干部、官长都应有水平线以上之政治军事能力，尤其是在军事上的技术要特别注意，改变以前红军中任命军官颇不注意其工作能力，或只问其入党之先后，不问军事技术之倾向；废止薪饷制度，官兵生活平等；红军一律改工农服装；切实改进军队中党的工作；东江的党既要绝对禁止盲动，即使对于一切脱离群众的武装势力，切不可贪恋其集中起来，以侥幸其或能打倒国民党；等等。

接到省委七月来信时，红二师已在陆丰完全失败。20 日，海陆惠紫暴动委员会将红二师的最后失败归咎于师负责人的失误，责成师委召开全体党员会议，讨论师长、师党代表以及历届师委的处罚问题。暴动委员会审议了处罚意见：一、同意照师委决定给师长董朗留党察看 6 个月的处分，并定出三种处理方法。1. 没收他身上的钱作护送红二师军官出香港之用；2. 不准其出东江，而要其留在海丰或其他地方做艰苦的整顿赤卫队的工作；3. 留党察看期内由暴委监督其行动。除以上 3 条马上执行外，另报告省委以最后决定。二、同意对继颜昌颐之后任师党代表的贺培真留党察看处分，并罚其做下层工作，并由海丰县委监督其行动，最后惩罚问题报请省委决定。三、对原党代表颜昌颐以党内严重警告处分。四、对师委常委何一平、张德大，分别以留党察看 2 个月处分，并要他们做收容被打散的二师部队改编到四师中去的工作，若这项工作做得不好，则延长其留党察看期。五、对师委常委汤才、何志忠以党内严厉警告处分[②]。与此同时，海陆惠紫暴委决定撤销红二师的番

① 清乡，指清除乡村中的反动分子。

② 海陆惠紫暴委对红二师负责人的上述处罚，广东省委未表同意。见贺培真：《忆颜昌颐》，载《回忆红二师红四师》，广东人民出版社 1987 年版。

号，对于愿意离开东江的军官，则护送他们去香港找广东省委，另行分配工作；对于继续收容起来的士兵，则决定把他们编到红二师中去，把红二师扩充“编成劲旅，俾做大暴动时的主力”。稍后，又决定把他们分散到红色乡村中去当农民赤卫队。

8月，中央派担任过红四师第十二团党代表、师政治部主任的陆更夫以中央巡视员名义到东江着重了解红军情况。根据部队实际情况，陆更夫分别于9月7日和14日给中央两个报告，详尽谈了红二、红四师在东江的战斗历程和现实情形，报告中写道：“（红军）第四师兵士（学生现在不到30人了）病伤的很多，是应把他们送出来的。但经济大成问题，他们有的甚至不能走动，但等在那儿是只有死的。”中央考虑到东江的红军，特别是红四师所集中干部来自全国各地，有斗争经验和工作能力，又考虑到他们处境，因此决定调部分同志到其他革命根据地工作。同时要求广东省委研究，解决留在东江的红军遇到的问题，考虑让红军离开东江。

10月26日和12月5日，广东省委先后两次指示海陆紫特委，红军无论第二师、第四师，留海丰无所益，很多牺牲，病者尤为负累，可送其出境。随即，海陆紫特委开始了送第二师、第四师出境工作。

10月26日，广东省委派原红二师第五团团长刘立道往海丰，办理有关红军出境事宜。省委在经济十分困难的情况下仍拿出200元作为红军出境费用，强调此项红军出境费“不得移作别用”，每个红军的“出境费用，只须计算到惠州之旅费。惠州另有招待人员①，以后由他们办理”。根据广东省委意见，海陆惠紫四县县委组织了红军出港委员会，着手送红军离境。

11月16日至24日，中共广东省委在香港召开第二次扩大会议，会议对红二、红四师特别是红四师给予了高度的评价。与此同时，省委鉴于幸存下来仍留在东江的红军处境过于艰辛，正式同意他们离开东江。

---

① 惠阳县委在惠州设立了接待站，说要惠州派一个人“到惠平车站处带出港红军到惠樟车站处搭车”，县委经十余日的工作办妥后，去同李某商量时，不想他早已返港了。“县委一点不知现在此处交通怎样。”实际上，此处“交通”一直在正常活动。徐向前一行就是由这位“交通”接头的。

● 中共海陆紫特委大门

● 中共海陆紫特委旧址内部

● 中共海陆紫特委旧址全景

● 中共海陆紫特委深井洞临时支部遗址远景

（二）送红军出境

1928 年底，根据中央和省委指示，由海陆紫特委安排，愿意离开的红军发给路费、竹笠和毛巾，护送往河婆出境，红二、红四师官兵开始疏散出境。直到 1929 年 6 月，东江红军共约 200 人分五批次先后撤离完毕[①]。至此，南昌起义部队在海陆丰的战斗基本结束，而革命的火种仍埋藏在海陆丰地区，等待着“可以燎原”的时机。

1929 年 5 月，在海丰的红军官兵大部分离境后，符锦惠、潘玉田、陆海平、麦胜标[②]、傅朝家及极少数伤病员在海陆丰山区农民掩护支持下，留下来继续斗争。1929 年 10 月，中国工农红军第六军第十七师第四十九团在海丰黄羌朝面山成立，符锦惠、麦胜标、潘玉田等原红二师战士加入。红二师失败后，麦胜标疏散到高潭杨梅水农民家里，与当地农民建立了深厚友谊。当红军一批批离开东江时，麦胜标却要求留下来坚持斗争。按照部队的统一安排，麦胜标必须随部队离开东江，就在部队即将出发之时，他突然患病，领导临时决定让他留了下来。麦胜标在四十九团团部当司号员，为部队训练了一批司号兵，在作战中发挥了重要作用。

1927 年底至 1929 年 5 月，红二、红四师 2500 余名将士，在建立、发展、保卫海陆丰苏维埃以及拓展海陆丰根据地的过程中，赴汤蹈火，英勇斗争，为保护新生的苏维埃政权付出了巨大的牺牲，作出了伟大贡献。南昌起义部队进入海陆丰时有 1300 余人，经过 1 年多的殊死斗争，仅剩 100 余人得以存活下来，而 90% 以上官兵则长眠于此。这支英雄的军队历经“九死一生”，在东江大地写下了中国革命光辉灿烂的一页，为中国人民的解放事业立下了不朽功勋。东江红军在缺衣少食、居无定所、敌强我弱的恶劣环境下能够坚持斗争，历时近两年之久，最根本的一条就是始终坚持党的领导，听从党的指挥，与东江人民建立了血肉之情。在苦战与血战中，充分展示了他们不怕牺牲、乐观进取、顽强拼搏、团结协作的精神。

在红二、红四师中，还有我军历史上的第一批女兵。其中有参加南昌起义后在普宁流沙随二十四师余部到达海陆丰的周铁忠、曹泽芝、周开壁 3 人。

---

① “红军遣散及送出的人数是：遣散的 160 余人，送出的亦仅 30 余人”。《中共海陆紫特委给广东省委的报告》（1929 年 5 月 12 日）。

② 麦胜标，湖南人，中共党员，早年从军，在叶挺独立团。后随南昌起义部队进入东江，红二师成立时为司号员。

（一）第二师活动的范围

（一九二七年十月）

目前工农革命军第二师军队活动的范围，指定是在海陆丰、普宁、紫金、五华一带，应注意与第一师联络，但不可企图即与第一师联合在一块，而退至闽粤的边界上，反忽略了上述各地的工作。

……

东江革命委员会取消。第二师成立特别委员会为公开领导机关。特委直接受省委指挥，各县委应与之发生密切关系。各县农军归各地县委指挥。在军队、农军中应积极发展党的组织。

——这是中共省委致海陆丰县委信的一部分，摘自中共广东省委党史研究委员会、中共广东省委党史资料征集委员会编《红二、四师史料选编》，1984年版

（二）十月九日叶部到达朝面山

（一九二八年五月二十六日）

王　备

十月九日叶部约一千人逃入陆丰属之新田而至海丰之朝面山，休养整顿约一星期，陈济棠、黄旭初均先后由海陆丰赴潮汕，在海陆丰境内者只陈学顺团约千人，此后海陆丰农民见红军来，革命潮流为之高涨，东委也加紧工作，并协同红军时出海陆丰、紫金第三区、惠阳属之高潭诸乡村杀土劣、地主，并将本党中央决定一切新政策向民众宣传，并努力实行。陈逆学顺甚惧，当时李逆济深集中兵力于潮汕以对张、黄，遂于十月二十九日令调陈逆学顺暂时放弃海陆丰向潮汕退却，海丰保安队退捷胜，三十早海丰城遂为我军占领，公平、梅陇、汕尾港亦继续占领，至十一月十五日遂开工农兵代表大会并正式成立县苏维埃政府。嗣后红军协同农民继续肃清各乡反动派，没收逆产，杀戮一切反动派分配土地，至十一月十八日又将逃赴捷胜城之保安队等及土劣共约千人肃清，而苏维埃政权日益巩固矣。

关于陆丰方面，陈逆学顺退出后，但陆丰反动势力较之海丰尤多，如保安队杨作梅、陈子和仍盘踞陆丰城，至十一月五日始由海丰开赴陆丰红军一营，会同陆丰团队部等克复陆丰城，但反动武装仍未消灭，大半逃赴碣石，红军与陆丰农民曾于十一月初旬两次攻击碣石均未下，因该处反动派请有反

动武装增援，是时我们非常注意消（灭）碣石反动派。东委负责同志于十一月二十二日搬赴陆丰，指导不健全之陆丰县委工作，并计商如何克碣石，不数日碣石攻下，河口亦攻破，获机枪二挺，步枪数十支，俘虏数十名，没收财产亦在万元左右。嗣后陆丰反动派大半可告肃清，而县苏维埃政府已于十一月十五日成立，工农兵代表大会亦已举行矣。

在海陆丰县城乡镇等反动派肃清时，前后被我们捉杀或战毙者约三千人，大半皆土劣、地主及少数反动武装，而我红军之死伤亦在百七八十人左右，农民军也有数十人。以上大略系海陆丰苏维埃政府成立时前后之情况与叶、贺失败后逃来军队之关系也。

……

工农革命军第二师即工农革命军第四团，于去年十二月（广）东省委命扩充武装力量而改编补充者，工农革命军第四团即大队部改编而成者，所谓大队部者，因十月叶、贺部失散逃入海丰时如仍名某团，恐目标太大，东委仍将此部队名为大队部，其意在与农军某队相混合，使敌人不注意也。

至十月末省委令改第二师第四团，团长为董朗，党代表为颜昌颐。十二月末改第二师时，另成立第五团，第五团均由海陆丰农军中与青年团中拣选约五百二十人充战斗兵而成立者，团长为刘立道。二师师长初以党代表颜昌颐代至十二月末，省委命董朗兼代师长，颜昌颐（为）师党代表，王备为师参谋长。第二师全部官兵佚约一千八百人，战斗兵不过八百名，五团士兵均海陆丰人，成立（后）陆续逃去或补充未担任重要工作。至于第四团战斗兵不过七百人，前后克复陆丰与土劣、地主及反动武装战（斗）不下三四十次，前后杀土劣、地主、反动派在数千人以上，而该团士兵之死伤亦在三百人以上，营长死二人，重伤一人，连长、连党代表、排长等阵亡者亦二十四、五名，师党代表颜昌颐亦于今年三月初五日公平之役受重伤。

……

关于工农革命军方面，第二师打破雇佣制发饷制，初二日每月士兵除伙食外，发零用费二元，官长少至五元多至十五元，后数月打破官兵不平等之发饷（制），每月官兵除伙食外少则一元多则二元，士兵伙食每月有二三元剩余分用，总共每月有四、五元，等于国民军每月发饷，亦觉甚快乐。惟官长方面生活稍感困难。每连士兵组织一经济委员会，营团亦然。官兵衣服，曾发长短军服各一套一件。十二月并各发卫身衣，军毯平均士兵每人一床，草鞋每月亦能按发两双三双不等。各连有小规模之俱乐部，平时因到处均受农民欢迎，故士兵于生活及其他一切感觉均甚优裕。不过日见士兵伤亡，不能另召新兵补充为忧。

军队中党员，初在二师中，只百余人。至后增加党员、团员六百余人。每连团设支部，支部中干事书记等，士兵平均占三分之二。该团连发生校内校外事时，该支部等有全权呈请上级党部取决办理。每连团设有党代表专司党务及政治工作。

——摘自《王备报告》，标题是编者加的，摘自中共广东省委党史研究委员会、中共广东省委党史资料征集委员会编《红二、四师史料选编》，1984 年版

（三）第四团状况

（一九二七年十一月九日）

自我们克复海陆丰后，第四团即开到陆丰帮助农民铲除土劣，昨天到陆丰淬立乡协同农民围捕地主土劣，今天至迟明天即开往碣石、金厢等处帮助围攻碣石的保安队、民团。同时因我们克复海陆丰，筹得款项，已发二千元给第四团发饷（兵士每人一元，官长三、四、五元不等），每人都有一套新军衣，毡亦收买得数百张。士兵精神比前大好，惟有伤兵三百人左右，药品既不够，而医生何妨同志又私自逃跑了，现在两个没甚能力的医生，真糟糕也。

——这是海陆丰给中央南方局、广东省委的报告的一部分，标题是编者加的，摘自中共广东省委党史研究委员会、中共广东省委党史资料征集委员会编《红二、四师史料选编》，1984 年版

（四）革命军第二师第四团团长董朗同志演说大意

（一九二七年十一月十八日）

各位代表同志们！我们要晓得过去的政权，都在资产阶级的手里，现在要把他拿工农兵手里来！回顾资产阶级利用他们的政权，来压迫我们工人、农民、士兵，他们政权一日存在，我们的痛苦即一日不能解除！所以现在我们应向他们反攻；但是反攻的目的，就是要实行土地革命，杀尽一切土豪劣绅，大地主……等。所以我希望工农兵各位同志，联合起来，扩大起来彻底去实行土地革命！

——这是董朗于 1927 年 11 月 18 日在海丰县工农兵代表大会开幕典礼上的演说摘要，载 1927 年 11 月 21 日《海丰全县工农兵代表大会会场特刊》，摘自中共广东省委党史研究委员会、中共广东省委党史资料征集委员会编《红二、四师史料选编》，1984 年版

（五）关于第二师第五团

（一九二八年七月十九日）

蒲风鸣

第二师在海丰受东委命令成立第五团，这一团士兵都是海丰的工农分子，而且党员要居多数，至于各连的党代表都是海丰的同志，他们一到军队中来，过不惯军队的生活，不但士兵完全逃回家，就是党派到各连任党代表的，也各（人）完全逃回家去了。第二师的党代表颜昌颐同志向海丰县委提出执行纪律，海丰县委以一个莫可如何答之就了事。

——摘自《东江特委蒲风鸣报告》，标题是编者加的，摘选自中共广东省委党史研究委员会、中共广东省委党史资料征集委员会编《红二、四师史料选编》，1984 年版

（六）工农革命军第二师党代表办公厅告东江工农民众书

（一九二七年十二月）

亲爱的工农兄弟们，一切穷苦民众们：

我们工农革命军是工农自己的军队，是受中国共产党的指导而为你们谋解放的军队，我们的官兵都是工人、农民的出身，我们解救你们是应当的责任。我们的敌人是军阀、豪绅地主，你们的敌人也是军阀、豪绅地主，你们应该毫不畏缩的去杀尽共同的敌人！现在海陆丰的农民已经解除了他们自己的痛苦，得到一切幸福。他们所以得到自己解放的缘故，就是在中国共产党领导之下的血斗中取得来的！

工农兄弟们！你们乘着李济深、张发奎等军阀争权夺利的战斗中，你们不要供给他们的粮食，断绝他们的交通，扰乱他们的后方，劫掠他们的枪弹，解除他们的武装，你们才可以逃生！你们假使帮助这些军阀去战争，就是你们实行自杀政策！

我们的军队就是你们自己的军队，你们应该起来帮助我们，然后压迫你们的敌人才能打倒，你们才能得着永久的解放！我们的口号是：

东江的工农兵大团结起来！

加入中国共产党！

杀尽地主豪绅！

杀尽新旧军阀！

杀尽资本家！

杀尽一切反革命派！

建设苏维埃政权！

东江工农兵解放万岁！

中国共产党万岁！

世界革命成功万岁！

中国工农革命军第二师党代表办公厅敬告

摘自中共广东省委党史研究委员会、中共广东省委党史资料征集委员会编《红二、四师史料选编》，1984年版

（七）二、四师之行动计划

（一九二八年一月十四日）

1、二师应向紫金、五华方面发展农暴，并须负宣传敌军投降及抢子弹等，但到五华之后，应转向普宁方面与四师联络。

2、四师应向惠来、普宁方面发展农暴，到了普宁之后，就应与二师发生密切关系，并帮助汕头周围之暴动，然后方可前进。

……

3、西路惠阳方面，因四师十团留在海丰，可以相机向西行动。

第四个是子弹问题：

此次海陆丰因乏子弹，不能与敌人对抗，倒被陈子和打进来大作反宣传。而且二师部队因乏子弹，致被敌毙死二十余人，失枪二十多杆，死连长二人。现二师子弹甚少，由四师方面抽到每人五发，也不上二三十发，四师每人尚有五六十发，如果发展下去，当然是要些子弹，如此便成了最严重的问题，此间没有子弹可买，只有靠机器自造及省委设法供给。

——这是中共东江特委给省委的报告的一部分，标题是编者加的，摘自中共广东省委党史研究委员会、中共广东省委党史资料征集委员会编《红二、四师史料选编》，1984年内部印刷

（八）二师在紫金

（一九二八年一月二十二日）

自二师决定向紫金、五华发展后，再与二师负责同志详细讨论决定二师发展方向由紫金三区洋头联络六区中（心）坝向五华龙村、梅村前进，因这些地方农运比较有基础，但在紫金三区必先帮助农民肃清南岭、黄布诸地主然后才能前进。

……

二师自十八日出发南岭帮助农民暴动，已着着胜利，我们计划是步步肃清，已将地主包围，南岭农民因受几次暴动重大的损失，此次暴动，对于武装非常薄弱，但均能很勇敢地出来参加各项工作，南岭支部在这次斗争中都能有很严密的组织，全体党员都动员切实出来担负各种工作。

五区——红军到紫城时（一月三日）即起来暴动，即被张发奎军队及民团压下去，该地主已严密防守监视。……

武装方面——紫金基础部队——紫金团队部以前只有三分队人数，武装不过三十余枝，现扩充成立两大队，增加基本部队一百五十名，正在进行扩充，各乡农会已派人调查武装并组织赤卫队。

……

党团发宣言外，各机关也有发，并且二师发有许多画报，小传单等件。

——摘自《紫金县报告》，标题是编者是加的，摘选自中共广东省委党史研究委员会、中共广东省委党史资料征集委员会编《红二、四师史料选编》，1984 年版

（九）东江暴动中英勇的红军

（一九二八年五月二十四日）

红军之主干，乃历史上有伟大意义的八一革命、广州暴动之遗产，编为第二师、第四师共五团。

红军的年龄，通通在三十岁以下，其忠实勇敢刻苦精神，从所未见，他们抛却一切去热恋土地革命，图其成功。

凡有破坏土地革命的反动势力，红军必拼命的把他肃清。和敌人作战时，唱着少年先锋歌，插起刺（刀）便向敌人冲锋，无一次不是这样，也无一次不打敌人，他们最讨厌和敌人取对垒形势作战，

这样要（牺）牲许多子弹，因为他们最宝贵的就是子弹。他们胜（时）常说：“我们身上的子弹，要造成东江的割据，便（使）全东江土地革命成功”。所以他们向敌人放一响枪，常须要弹无虚发，为其瞄准原则，而且响了的子弹壳他还要拾回，贮之于粮袋中。

红军和敌人搏战，最欢迎敌人拼命放枪，或者肉搏的相打，因为这有二利：（一）在肉搏时可增多向敌军宣传机会；（二）战后可以收获许多子弹壳，交红军制（造）厂翻制。

普通的军队出发作战，如果没有充足之军实，即军官下一百道命令亦未必肯动，红军则一声有敌人，不问自己的子弹充足与否，拼命要把敌杀退才休息。红军第二师进攻紫金南岭地主，忽黄旭初部队一团从龙窝来攻炮子，二师部即调红军二连往炮子防守。这二连红军，身上子弹最多者二十发，少者至五七发者占半数。然而红军并不注意这一问题，欣然出发至炮子，他们不愿意作麻烦之防守，协同农民群众，猛向黄旭初部攻击，仅发弹二十发，把敌人追击四十余里，缴其军用品、子弹等物十二担。

——载中共广东省委机关刊物《红旗》第二十二期，摘自中共广东省委党史研究委员会、中共广东省委党史资料征集委员会编《红二、四师史料选编》，1984 年版

● 东江暴动纪念章

（十）三月二十七日东江特委机关转移到惠来

（一九二八年五月二十六日）

王　备

至二十四日除留一营在惠来外，二师各部开赴普宁，四师开潮阳。当时拟将潮普惠三县造成一新的割据地。在普宁方面，至四月五日我离开日止，只县城、桥柱、旱塘、陇头四处未下，其他各乡村均在我们掌握中。

……

第二师工作，收复海陆丰时，每次与反动派战争，均经参加，前后死伤官兵有二百余人。收复紫金第三区，屡次攻击地主及反动军队剧战，死伤亦二百人左右。在惠来、普宁，从我离开日止，约死伤三十余人，枪枝前后损失约八十枝。所获枪枝计旱机关枪一，水机关枪二，步枪好坏者约有百枝。

——摘自《王备报告》，标题是编者加的，摘自中共广东省委党史研究委员会、中共广东省委党史资料征集委员会编《红二、四师史料选编》，1984 年版

（十一）红军情形

（一九二八年六月二十五日）

……

红军第二师自东委到了惠来以后，就没有得到他的报告。他在海陆受压迫，惠来刚刚胜利的时候，因为子弹缺乏，就到惠来与四师会合。

当时二师除五团在海丰没来不计外，总其战斗兵当有三百人，但缺少下级干部人才，四师方面的学生同志也颇多。我们的意见，就想把二、四师合并，可以减少些人员，而二师也可健全起来，四师学生分子也可免终日在讨论士兵生活，本是一举两益。但讨论结果，因二师师长董仲明同志多少算明白党的主张，带着有点二、四师界限……二师的利益，使四师同志不满意他主张。两师编为两团。但四师应将所余的枪枝多给二师之徒手兵，四师学生则编入二师做下级干部。四师的同志以为如这样，四师改编为一团，结果不上二百人，欲由二师方面拨一营或一连到四师来，以符改编为一团的人数。当时仲明同志很不满意，又很说不出理由，后他就说以二师的拨过四师去，在过去一切的习惯中，兵

士因为个人的关系，总有不好的地方，内中有二师士兵是我们一向带领的，改编一部分到四师去，未必他很愿意，即就拨过四师去，也未必容易带领，这种意思，仍主张保留四师的组织，因他从广州暴动出来，他是由都市的无产阶级暴动到农村来帮助农民革命，使农民认识都市无产阶级力量，也可作一种宣传。结果将四师剩的枪枝交给二师，及开往普宁帮助桥柱肃清反动派。

但因普宁县委的军事投机依然没有改变，以致二师单独奋斗，损失甚大。但子弹每人补充到七八十发到百发等。因黄旭初之包围，四师转向海陆丰去。

二师内部很好，不发生什么问题，因里面差不多都是士兵同志，及省港工人同志，故很受指挥，作战也算勇敢。

党代表颜昌颐同志因在海丰受伤，故没有跟队伍。

——摘自《中共东江特委给省委的报告》之二，标题是编者加的，摘自中共广东省委党史研究委员会、中共广东省委党史资料征集委员会编《红二、四师史料选编》，1984 年版

（十二）军事计划之根本错误

（一九二八年七月十九日）

蒲风鸣

第四师到海丰后，东委决定第四师打陆丰向东发展，第二师打紫金向西（北）发展，试问第二、四师的实力共计不过二千战斗员，而又处于四面包围之中，如何可以分散力量示敌以弱？并且东委决定分第四师一团打到普宁，结果第四师十一团（共计不过三百人）在普宁与逆之七十七、七十六两团作剧烈顽强战争，结果终至损失甚大（十一团仅余一百余人），亦因敌之十一师和民团、保安队的包围而失败于陆丰大安，退出海丰而渡海至惠来兵营。此时第四师不过三百余人，遂以全力进攻惠城，惠城尚未攻下，而向西（北）发展之第二师因受不过敌人的大部进攻而来到惠来与四师集中了。第二师到达惠城，旋将惠城攻下。东委又以第四师打潮阳，第二师打普宁。第四师初到潮阳，因为敌人军队不多的关系，尚能屡战皆捷；而第二师到普宁，因为人数太少的关系，屡打败仗，而且牺牲很大。但不久（四月初）桂系军阀实行大举向潮进攻，第四师则一败潮阳，再与二师败于普宁盐岭。此系二、四师在东江斗争经过以及失败情形之大概。假如东委不把二、四师兵力分得七零八落，则每次遇敌牺牲要少，而发展容易，因为都分成了一些小的部队，每队遇的敌人都比我们大，所以打到临头，还是

牺牲很大而且失败。

——摘自《东江特委蒲风鸣报告》，标题是编者加的，摘自中共广东省委党史研究委员会、中共广东省委党史资料征集委员会编《红二、四师史料选编》，1984 年内部印刷

（十三）二师开抵博美之内洋乡

（一九二八年六月二十五日）

昨又接（陆丰）东南暴委报告说，红军第二师奉海陆惠紫暴委的命令，全部已于十六日开抵博美之内洋乡。

惠来敌人闻红军到博美，即于十九日早集中四连去抵抗，被我们二师……各一，缴枪二十余枝，二师着着胜利。

东委决定派 ×× 同志到普宁整理党务……，张 ×× 同志暂留东委主持一切，派彭 × 同志到惠来去主持暴动，并一面在军事行动上，此时惠来后方极为空虚，若不乘势同他进攻，则二师必遇到大的困难。所以东委决定无论如何迅速集中三县武装攻取惠来县城。

——摘自《中共东江特委给省委的报告》之一，标题是编者加的，摘自中共广东省委党史研究委员会、中共广东省委党史资料征集委员会编《红二、四师史料选编》，1984 年版

（十四）在陆丰之反攻

（一九二八年六月三十日）

……

红军近况：二师自六月十四日以前驻在激石溪、罗峰附近地方，实力共有步枪及短枪四百余枝，人数五百余人。后因伙食困难，子弹无法补充，敌人有向该处取包围行动，并极力向红军宣传，当时兵士接受其宣传者亦有，以致不特无斗志，而且极为动摇。于是师委同县委联席会议决定，（四县暴委亦同意），十四日下午向陆丰之东南发展，在六日中攻进葫芦峰八万的反动乡村，计杀反动派六七人并抢了反动派粮食、食物等甚多。十六日，追达东南陂沟，翌日向大坪发展。敌军极力向陂沟、大坪压迫。普惠闻有重兵，师部不能与东委发生联络，故预备二十二日转道回激石溪。计此次二师兵力损失去枪有百枝之度（不过四十人有枪仍在陂沟活动亦在内），人数损失去十分之一（带枪的兵士中途不肯

行，不听官长命令，欲私逃的）。总之，兵士及少数军官至此极为动摇，斗志殆尽。抵激石溪后，有一部分，第一连副连长压迫了士兵二十余人投降罗峰敌人去后，并有一部分逃到朝面山去投降敌军（数十人）。当时我们与师委决定设法将动摇分子缴枪，结果才得五十余杆，其余坚决的官长有百余人，现仍驻在激石溪，由县委之军委委员何 ×× 同志负责主持。

——摘自《中共陆丰县委四月来报告》，标题是编者加的，摘自中共广东省委党史研究委员会、中共广东省委党史资料征集委员会编《红二、四师史料选编》，1984 年版

（十五）红军第二、四师的现实情形

（一九二八年七月二十八日）

第二师现在的情形：自海丰失守后，第二师即退往紫金附近大山，并有一部分向惠来发展，虽然失败，但因师长董朗尚有办法，所以子弹平均每人有四五十发，经常还可以得点番薯吃。但自五月二日反攻海丰，因不守时间至天明后被敌人跟踪追击，阵亡失散颇有牺牲，最近因流落乡村或投降敌人者大不乏人。现在第二师虽完全在普惠一带，但人数只有二三百人，枪枝遗失很多。师党代表颜昌颐，因打海丰受伤，现虽好，仍在海丰二区暴委工作，未去普宁。

——摘自《广东省军委报告第一号》，标题是编者加的，摘自中共广东省委党史研究委员会、中共广东省委党史资料征集委员会编《红二、四师史料选编》，1984 年版

（十六）省委同意红军离开海陆丰

（一九二八年十二月五日）

红军的同志们经过长期的时间而现在多有病者，且现在经济上大为困难，省委已经同意送他们离开海陆丰。但现在省委经济成分困难，此时已无法应付，须由你们设法，如无办法时，则暂缓送来，俟省委有办法时才可送来，其能担任完全赤卫军之同志可酌留若干分配于乡村中训练赤卫军，且可给些款送他们到惠州、省城投入军队，在敌军做兵士运动。如愿去的，你们应召集群众大会热烈的欢送他们，鼓动他们的勇气，提出“再回海陆丰来见面”的口号，并教他们怎样去做兵士运动。

——这是《中共广东省委给海陆紫特委的指示信第一号》的第六点，标题是编者加的，摘自中共广东省委党史研究委员会、中共广东省委党史资料征集委员会编《红二、四师史料选编》，1984 年版

（十七）赤卫军和红军情形

（一九二九年三月二十日）

红军出港情形

这件工作因为环境、交通及财政的困难，也做得很少成绩，最近仅将较坚决及活动能力较好的红军同志送了十几人出去（每人给与五元或六元）。此外，又遣散了二十名的红军兵士（每人给与五元或六元）。遣散的方法，是向他们宣传解释后，即带到惠州或淡水的大道上遣散，由他们各人自寻生路。这件工作现在还要继续的这样做去，特别对于意志坚强的、工作能力较好的红军同志，更要积极设法在很短的时间内尽量送他们出去。

——这是《中共海陆紫特委给省委的报告》的一部分，标题是编者加的，摘自中共广东省委党史研究委员会、中共广东省委党史资料征集委员会编《红二、四师史料选编》，1984 年版

（十八）红军在海丰三、四区的红军尚有二十余人

（一九二九年四月十九日）

红军遣散问题：红军遣散，我们是继续不断的干去。在三、四区的红军，截至今日已完全送出，在二区，最近亦已大批由河婆出去，现只存几个（不日可去）。自敌搜索以来，红军遣散及送出的人数：遣散的一百六十余人，送出的亦仅三十余人。费用：遣散花去四百七十余元，送出的用去一百四十元，总共使去六百十余元。我们虽然伙食发生问题，亦刻苦筹钱（有的向农民借）送红军出去工作。

——摘自《中共海陆紫特委给省委的报告第一号》，标题是编者加的，摘自中共广东省委党史研究委员会、中共广东省委党史资料征集委员会编《红二、四师史料选编》，1984 年版

回忆资料

（一）陈毅:《关于八一南昌起义》节选

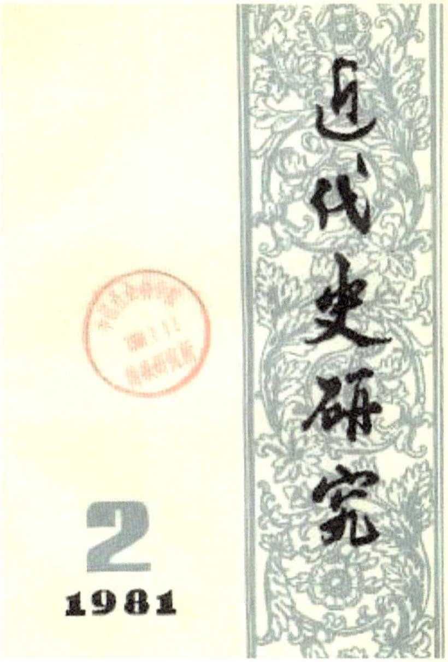

汤坑战败以后，贺部剩余二千多人，因为是旧军队，没有经过很好的改造，没有党的坚强的领导，在海陆丰全部投降了反革命，只剩下贺龙同志一个人，单独逃回湘鄂西，其后创建了湘鄂西根据地。叶挺残部除少数在饶平和我们会合外，大部由一姓董的团长率领会合了海陆丰农民暴动的队伍，和广州暴动撤出来的武装，约三千多人，就在海陆丰和东江一带坚持。但因政策和军事的错误，死打硬拼，后来在东江也被打垮了，但播下了其后在抗日战争中东江游击队的革命种子。

——陈毅:《关于八一南昌起义》,《近代史研究》1981 年第 2 期

（二）中国工农革命军第二师在东江

刘立道

另一部分约千人由董正荣带领，经普宁、惠来到达陆丰碣石溪。这支队伍沿途同敌人激战多次，损失很大，仅余五百人左右，于十月中旬进驻海（丰）、陆（丰）、惠（东）、紫（金）几县交界的中洞，休息几天以后，应紫金县南岭农民的要求，于十月十七日晚到南岭打钟姓地主。部队由董正荣指挥，地方党政负责同志带领农民一同前往协助作战。十八日拂晓，先头部队到达南岭，与地主武装接触，敌人占领了屋后山头阵地，居高临下，我军无法接近进攻目标——地主炮楼。我军乃先派出一连兵力，猛攻敌人高山阵地，经过激战，占领了全部高地，但地主武装却缩进炮楼去了。炮楼十分坚固，我军攻打炮楼的装备不足，数次

攻至楼下，都无法攻破，遂于天黑后向炮仔圩撤退。十九日，在炮仔圩休息了一天，二十日仍回到中洞。回到中洞后，海丰县委传达了南方局从香港发来的指示，将到达海陆丰的革命军编为中国工农革命军第二师（当时南方局的指示告知，党对革命部队的编组计划是，以朱德同志率领的部队编成工农革命军第一师；海陆丰的部队编成工农革命军第二师；海南岛群众武装编为工农革命军第三师），但海陆丰革命部队只有五百人左右，不足一师的编制，所以编一个团，称为中国工农革命军第四团，下属两个营，以随同部队到来的董朗同志为团长（率领部队到海陆丰的董正荣不是共产党员，部队打南岭转回中洞以后，根据本人要求，党送他到香港去了），张宝光同志为第一营营长，我任第二营营长。

工农革命军第四团成立后，在中洞整训和补充装备。团部和第一营驻中洞。第二营进驻黄羌圩（离中洞四十里）。工农革命军的成立，引起海陆丰各地敌人的恐惧，反革命军队的团长陈学顺，企图进攻黄羌圩，来个先发制人。我军事先得到了农民的报告，作了充分准备。十月末，陈学顺率其全部及民团共千余人，向黄羌圩进攻，我工农革命军第二营给予迎头痛击，附近农民四起助战，吹号鸣锣，一齐杀来，反革命军队一开始就慌乱异常，溃不成军。在我军猛追猛打下，这批败将残兵直向海丰县城逃窜；我第二营追至海丰县城，敌人又弃城向陆丰方面逃窜，我军于十月二十九日黄昏占领海丰县城。十月三十一日，海丰县委和我军第四团团部及第一营都到了海丰县城，建立了海丰县临时革命政府，杨其珊、杨望、陈舜仪、郑志云、林道文等同志为革命政府主席团。随即下总攻击令，限期收复海陆丰各城镇。董朗同志亲率第一营向海丰捷胜镇（这里是海丰何姓大地主的所在地，我军占领海丰县城时，城内地主武装也逃到这里）进攻；我率第二营向陆丰城进攻，陆丰党的负责同志陈魁亚、张威等同志为主席团。占领捷胜镇后，农民将逃亡到捷胜的地主和捷胜的何姓地主一同加以镇压，将捷胜改名为“红胜”。

反动军队陈学顺、戴可雄等和陆丰地主武装及一些反动地主全部撤至碣石，碣石成了海陆丰反动势力的最后堡垒。我第二营奉命向碣石进攻，董团长亲自指挥，党政负责同志陈舜仪、陈魁亚、郑志云、张威等同志也随军到达碣石。碣石三面临海，城墙坚固，我军于十一月三日拂晓开始攻击，占领了城郊一带阵地和南门大街，但市区经围攻数天终不能下。我军牺牲排长一人、战士十余人，我也负了伤。

十一月初，海丰、陆丰两县相继召开工农兵代表会议，正式成立海丰县苏维埃政府和陆丰县苏维埃政府。

海陆丰革命政权建立后，中共南方局派颜昌颐、王备、黄雍等到东江来，组织东江特委，扩编中国工农革命军第四团为中国工农革命军第二师，颜昌颐同志以东江特委委员兼任第二师党代表及第四团党代表，董朗同志任第二师师长，仍兼第四团团长，王备同志以东江特委办公厅主任兼第二师参谋长，我升任第五团团长，高山子、于以振两同志分任第五团第一、二营营长。十一月中旬，党又派张寿徽同志任第五团党代表。

……

十一日（应为“月”）中旬，董朗师长率领第四团第一营，配合紫金县农民武装三十余人，第二次打南岭地主，围攻三昼夜，我军挖开了炮楼墙壁，朝楼上只打了两枪，地主就投降了。我们将地主一一捆起来，缴获长短枪支八九十支，并没收了地主粮食、牲口和其他浮财，分给农民。打倒了南岭钟姓地主，为农民除掉了一个大害。根据农民的要求，我红军将其他十二个罪大恶极的地主解送到海丰苏维埃政府，由苏维埃政府公审后全部镇压，群众无不称快。

……

广州起义失败后，起义军部分同志（主要是教导团的学生）冲出广州，向东江方向撤退。反革命军张发奎部许志锐师紧紧尾追而来，东江特委军委会派我率第五团前往紫金县接应广州起义部队。反动军队许志锐部，一与我军接触，知道我们有了准备，即向兴宁方面走了。广州起义部队约五六百人终于安全到达东江地区，编为中国工农革命军第四师，叶镛任师长，袁裕（国平）任党代表，下属第十、第十一、第十二共三个团。从此，海陆丰的革命声威更盛。

一九二八年初，大革命初逃到香港的陈炯明余孽钟秀南、蔡腾辉等，在英帝国主义香港政府的帮助下，率匪千余人，侵入陆丰边境骚扰，为我红军第五团击败，死伤甚多。但钟秀南等匪徒，还不甘

● 海丰县苏维埃政府成立庆祝大会盛况

心失败，又窜犯惠阳县边境，遭我农民赤卫队彭桂部迎头痛击，狼狈败逃。

因敌人常潜入陆丰方面捣乱，威胁革命政权，东江特委乃派红四师至陆丰方面保卫革命政权。

英、美、日等帝国主义和国民党反动派为颠覆东江革命政权，又一次相勾结，于一九二八年二月间，调集广东反革命军队三个师的兵力，由余汉谋、李振球、邓彦华等率领，分三路向海陆丰进犯，并派海军舰队到海丰汕尾和陆丰的碣石各地助战；钟秀南、蔡腾辉等在英帝国主义的资助下，再次潜入海陆丰境内骚扰。我军虽然作战很英勇，终因众寡悬殊，伤亡过多，与敌人苦战三昼夜后，被迫退出海陆丰县城，进入中洞山、碣石山、朝面山、黄羌圩、杨梅水、炮仔圩一带山中，开展游击战争。

……

我军部队因牺牲、负伤和疾病，不断减员，在粮食、弹药、医药上都成了问题，部队处于极其困难的境地。

在上述困难的处境下，东江特委执行了“由一省的胜利，争取数省胜利”的“左”倾路线，要我军继续夺取城市。三月间，我军奉命进攻海丰县城，以第二师为主力，向五坡岭进攻；海丰农民武装部队由麻竹出发向公平圩进攻。这一战，双方伤亡均重。五坡岭离海丰城仅数里，敌人由县城派来增援，而农民武装在公平方面的攻击亦未得手，敌人即从公平方面又抽调兵力，向我红二师后方迂回攻击。我红二师，在无后续部队应付迂回敌人，弹药也补充不上的情况下，继续苦战，但终未取胜，被迫向吊埪撤退。四月间，红二师由颜昌颐党代表亲自率领又进攻公平圩，在进入巷战、将占领公平圩时，敌人由海丰县城赶来增援，我师党代表颜昌颐同志负重伤，战士伤亡亦重，只得向麻竹撤退。

……

——摘抄于中共宝安县委党史办公室编:《回忆红二师红四师》，广东人民出版社 1987 年版

（三）一九二八年我送红军去香港的经过

赖灶鲁

我家住田乾内湖池兜村，现年八十二岁，属虎的（一九〇二年生）。大革命时，我姐夫林妈存组织农会，曾经上县同彭湃同志联系，彭湃布置他组织一班人搞运输。我是二十四岁时（一九二五年）参加农会的。我村农会组织二、三年后，打了捷胜，缴获东海荣记一条“三帆乌波”，由林妈存负责，组织五个人行驶这条船，我做撑舵公。初时，主要是往来公平载我们办的商店的货物，如在公平载桨尾等山货下来。不久，形势变化，有许多红军来我们池兜、新塘、新蔡林几个村驻扎，还有许多伤兵，

于是我们就负责行驶甲子、捷胜等地运米供应红军。

我们的船大吃水深，都是停泊在外边，用小船驳运装货物的。在我们池兜，经常停泊在船港。一九二八年农历三月初三日（公历四月二十二日），那年我二十七岁，田乾的伪民团陈丙丁等来围乡，我们和红军都上山，民团进入新塘，我们拿着尖串等进行抵抗，到三月初八日（公历四月二十七日），碣石、金厢、东海、青坑、田乾、捷胜的民团联合前来围剿，情况非常紧急。当时，有四十多位红军掩蔽在新塘村后葫山笔裂石的大山洞内。那个山洞一般人是不知道的，可住几百人，有前人遗留下来的锅等炊具。伤兵因为山很陡，上不了，只好在村里掩蔽。

因为形势非常紧张，红军要撤往香港去。初八那天大雾，对面看不见人，就用小船将红军送到我们的大船，都是些十八九岁的青年人，记得当时有一位领导同志最后上船。将近开船时，又有一位同志乘小船赶来，他带了一千银元交给红军又回去。他上船时，银元落地声响，我问他是什么，还问他哪里来的，他告诉我，从甲子来，带一千银元给红军。

我不曾航行香港，因先前有一次在近海驶船遇风，船被打沉，漂至香港，回来时，我一路问才记得路线，所以船由我撑舵。那天是东南风，船行得很快，到了木门海面，遇着田乾田下村的一条货船，我看将要转西南风，便通过我姐夫和红军商量，拦住田下村那条船，将红军驳送到香港，我们抓紧回头顺风的时机，快点回来把伤兵抢运出去。听田下那条船的人后来说，船到香港界，红军都换了平装，枪丢下海才上岸。

我们次日回到池兜，听说那些伤兵，大约有十多二十人，都给反动派杀害了。从此反动派不断地进行清乡杀掠，见到是池兜、新塘、新蔡林三个村的群众就杀。红军虽也有再来，但失去联系，就即离开，有的向捷胜大华等地去。记得有一次，红军住在山洞里，绝了粮，有一位叫秦珠的同志出来，立即被民团包围捉住，强迫他带路找红军住的山洞，他誓死不说，结果被敌人在海埔圩杀害。

我们在本村无法坚持，舍船逃亡，林妈存上潮州，在那里结婚，至一九三九年才带家属回来。另三人是赖朴、赖娘记、陈妈情，他们逃到陆丰被敌人捉了，因说是池兜人，就被杀害。我逃到金厢为人做渔工，不敢说是池兜人，虽给敌人捉了去，打得很厉害，手被打伤，肿得衣袖都脱不出来。因为我不敢说是池兜人，结果放了。于是我又走到马宫等地打渔工，多年后才返池兜。

听说我们走后，那条三帆乌波被荣记派人驶回去。

——摘抄于中共宝安县委党史办公室编:《回忆红二师红四师》，广东人民出版社 1987 年版

第六章 血战三河坝

三河坝坐落在粤东梅江、汀江、梅潭河交汇处的广东省大埔县境内，史有"得此控闽赣，失此失潮汕"之称。大埔县与福建省接壤，是福建省龙岩、漳州入粤两条路汇合的必经之地，也是南昌起义军的船支从汀江转入韩江，由韩江直接通过潮、汕入海的必经之路。

壹 分兵

1927 年 9 月，中共大埔县部委派李明光等人前往福建上杭与南昌起义军联系，并派太宁农民自卫军前往峰市为南昌起义军作入粤向导。为策应南昌起义军顺利入粤，五华县革命委员会发动五华武装暴动，16 日以大埔农民自卫军为主的革命力量占据大埔县城茶阳，武装暴动牵制了国民党军大批军事力量。

19 日至 22 日，南昌起义军先后到达大埔县三河坝，按照汀州军事会议分兵决定，总指挥部主力继续沿韩江水陆两路南下潮汕，大麻、银江等地学生随军南下，协助做宣传和翻译工作。朱德率第九军、第二十五师 3000 余人驻守三河坝，主要任务是扼守三河坝，牵制和防御阻击梅县及闽西方面敌军，密切配合贺龙、叶挺主力向潮洲、汕头进军。

起义军三河坝战役部队序列表

第九军
副军长 朱德

- 第九军经理部长 陈子坚
- 军官教育团书记长 赵镕

二十五师

师长 周士第
党代表、政治部主任 李硕勋
参谋处处长 游步仁(瀛)

七十五团

团长 孙一中
副团长 张堂坤
政治指导员 陈三俊
团参谋长 张启图
支部书记 杨心畲(后为游邦栋)
团参谋 廖运周
上尉副官 吴秀松
少校军需 史泗群

第一营 营长 符锦惠
四连连长 王世华
第二营 五连连长 何鑫
第三营 营长 蔡晴川
十一连连长 许光达(后为刘桂成)
十一连副连长 李逸虹
十一连党代表 廖浩然

七十四团

团长 孙树成
参谋长 王尔琢

七十三团

团长 黄浩声
政治指导员 陈毅
军需主任 周廷恩

第一营 营长 符克振
五连连长 张子良
第一营 七连连长 林彪
第X营 X连X排排长 彭明治

● 起义军三河坝战役干部序列表

贰 备战

9月22日，第九军、第二十五师完全抵达三河坝。中共大埔县部委会在三河坝组织了军民联欢大会，朱德在大会中号召：民众拿起武器，打倒帝国主义，打倒国民党贪官污吏，实行耕者有其田。

此后，备战迎敌工作有条不紊地展开。大埔县工农革命政府主席饶龙光负责县政府的行政工作；副主席郭栋材随朱德办理军务，组织宣传队、战斗队、侦察队、运输队、担架队、向导队等为起义军服务；副主席郭瘦真任东江工农军副总指挥，

● 起义军在三河坝留下的革命标语

● 三河坝地理位置图

率领以高陂、百侯、太宁农军为主体的大埔工农军第一团和东江工农军一部在三河参战。起义军进驻三河坝圩镇汇城后，派出工作队，在三河坝一带做群众工作，宣传党的政策，交给大埔县委和三河坝地区群众一部分枪支。

此时，在国民党方面，以钱大钧第二十八师、第三十师和新编第一师共 3 个师 1 个团约 2 万人集结梅县、松口窥视留守三河坝部队。29 日，三河坝、英雅等地群众发现松口方面的敌人集结准备进犯三河坝。朱德考虑到三河坝地处梅江、汀江、梅江河汇合口，地理上起义军据守的汇城属背水之地，不可作战，汇城对岸的笔枝尾山、石子岽、龙虎坑俯视三江交汇处，是阻击国民党敌军的有利地势。在当地群众支援下，起义军部队抢占了军事要地，迅速地在东文部、龙虎坑、笔枝尾山、下村一带大小山头挖战壕、筑工事。第七十五团驻龙虎坑一带，第七十三团驻下村一带，师指挥所设在龙虎坑东边高地，在长约 20 里的各处阵地上，层层埋伏了起义军和当地农军。

● 田氏宗祠——八一南昌起义军三河坝战役指挥部旧址内景

● 田氏宗祠——八一南昌起义军三河坝战役指挥部旧址全景

● 田氏宗祠——八一南昌起义军三河坝战役指挥部旧址正面

叁 激战

10 月 1 日，钱大钧部由梅县松口方向陆续进入三河坝，沿韩江北岸向起义军发起进攻。三河坝战斗打响之初，罗尔典游过三河坝向朱德报告情况。朱德、周士第、李硕勋和游步瀛下令三河坝全线阵地，全部进入战斗状态。下午战斗打响，敌人发起多次进攻，起义军一次又一次粉碎敌人渡河，许多装载敌人的船只被打沉，也有许多船上的敌人被打死，敌人伤亡很大。晚上，为了消耗敌人弹药，起义军和农军在铁桶里放鞭炮，声如机枪，虚张声势。敌人以虚为实，不断还击，一夜不得安宁。

2 日，朱德在河滩竹林召集全师军官进行动员要求大家要坚守三河坝，牵制敌人兵力，为向海陆丰进军的起义军创造有利条件。他特别指出：我军绝大部分都是农民出身，革命的军队必须与农民结合，才能取得革命的胜利。他号召大家保持铁军的荣誉，战胜来犯敌人；他还向全师官兵作了坚守阵地的战略部署。

钱大钧部自从进驻三河坝后，到处搜寻渡江器材，一面集中武器隔江向笔枝山主阵地猛烈射击，一面组织人员渡江。起义军也不断捕捉战机，奋勇战斗。由于正面起义军火力太猛，敌军几次强渡都被打沉。敌军几百人窜到了下游的石子笃渡江，驻守在这里的七十三团一部从石子笃居高临下包围全歼这股敌军，缴枪几百支。虽然敌军数量众多，但是起义军英勇奋战，一直对峙到黄昏。敌军上半夜约有 20 多条船向起义军阵地偷渡，起义军按照朱德“半渡而击”的指示打沉。下半夜，敌军又从韩江上游驶来 50 多条船，加上正面配合，同时强渡，结果半数被击沉，半数人爬上南岸占领了滩头竹林。起义军乘敌立足未稳，猛扑敌群，登陆的 300 多名敌人全部被消灭。

钱大钧部一再受挫，在正面突破和小范围迂回都失败后，随着大量援军到齐，开始实施更大范围迂回包抄，组织更大兵力强行渡河。3 日拂晓，大雾笼罩韩江，数十步外不能见人。敌军分别从南北进攻东文部和梅子崇，并集中大炮、机枪向笔枝尾山阵地进行猛轰。起义军一面射击渡河船只，一面抗击登陆敌人的冲击，连续杀退敌人多次波浪式的冲锋。由于敌我兵力悬殊，在敌人密集火力的射击下，起义军伤亡人数不断增加。但是在这昼夜苦战，连日绝粮，弹药将尽的危险情况下，起义军士气仍极为激昂，阵地得而复失，失而复得不下数十次。此时，在潮汕与起义军主力部队战斗的桂系黄绍竑部 2 个师由韩江下游进抵留隍、高陂，迂回于三河坝起义军之后，钱大钧部则迂回下游的大麻、恭洲渡韩江。激烈战斗在起义军阵地北、西、南三面持续进行。晚上，起义军退守笔枝尾山及后面的高山顶阵地。为了保存革命力量，朱德、周士第、李硕勋商议决定撤出战斗，采取“次第掩护，逐步撤退”，第二十五师主力同伤员火速往潮汕方向撤离三河坝，与起义军主力部队会合。同时，命令第七十五团坚守笔枝尾山阵地掩护大部队转移，至 4 日 6 时撤离战场。在大埔农军的配合下，分别往湖寮、百侯、双溪等地进入饶平。

4 日拂晓前，第二十五师主力已远离主战场。敌军开始向笔枝尾山猛扑，第七十五团和敌人直打到 6 时左右，采取次第掩护，逐步撤退的办法，摆脱敌人。第七十五团第三营为掩护第七十五团主力撤退，在营长蔡晴川指挥下，打退敌人数次进攻。战斗中，子弹打完了就同敌人肉博，由于敌众我寡，三营指战员全部壮烈牺牲在笔枝尾山。

● 三河坝战场遗址梅子岽远景

● 三河坝战场遗址松仁峰远景

● 三河坝战场遗址太阳岽远景

● 三河坝战场遗址天子岌岽远景

在三天三夜战斗中，东江工农军、大埔工农军及当地农民武装100多人在龙虎坑、笔枝尾山、梅子崇等地与起义军并肩作战，共同杀敌，他们有的在战斗中负伤，有的在战斗中光荣牺牲。战地附近村庄群众，冒着炮火，不顾生命危险送饭送水到阵地，当地群众还帮助起义军运弹药、运粮食、抬伤兵、掩埋牺牲同志的遗体。南

三河坝俯瞰图（历史图片）

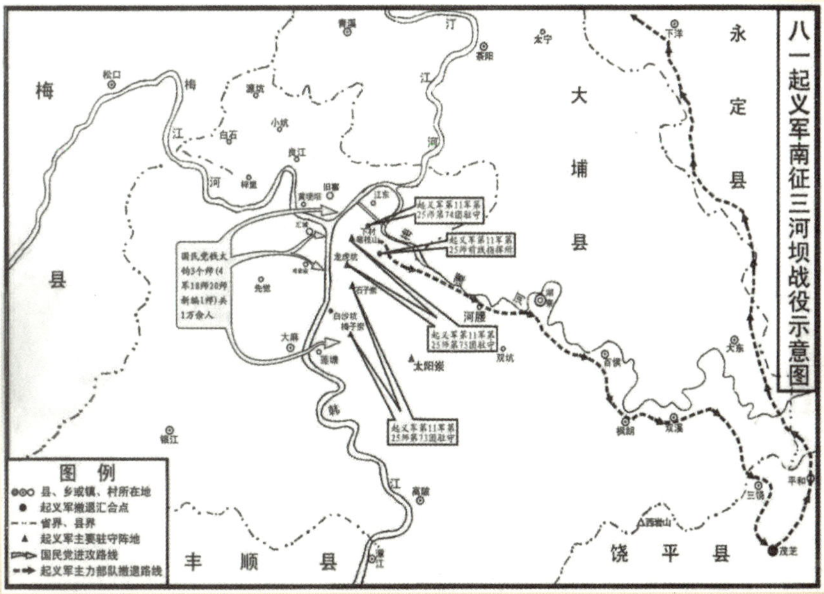

三河坝战役示意图

昌起义军撤出三河坝时，送给大埔农军枪支和弹药，并留下黄让三、张华丁、李友桃、李井泉、徐先兆等军政人才及一批伤病员，作为大埔的武装骨干，加强了地方武装力量。

南昌起义军三河坝战役是探索中国革命的中心从城市到农村，军事上从正规战到游击战转变的重要转折点，在中国革命史和中国人民解放军建军史上有着重要的位置。1963 年，在笔枝尾山兴建“八一起义军三河坝战役烈士纪念碑”，朱德元帅亲笔题字，周士第上将撰写碑文。2018 年，中共梅州市委党史研究室，大埔县委、县政府专门组织中央、省、市党史军史专家共同论证了三河坝战役精神——“信念坚定、勇于担当，军民同心、誓死杀敌，务实探索、薪火传承”。

● 三河坝战役烈士纪念碑

● 三河坝战役纪念园门楼

文献资料

（一）

因我军由闽到三河时，已知敌中央军赶到梅县，右翼军集中松口，我军随以二十五师及第九军（约一营）向该敌警戒，至我军大部开去潮汕，并与汤坑之敌正式接触，敌以大部分中央军进袭潮汕，我军因寡不敌众（守潮者为教导团，守汕者为六团防备海军）自然失败，损失大甚，所有空枪约五千枝全被敌人夺去。一面影响汤坑作战军队，一面更影响了三河二十五师，及至二十五师与敌接触，已成孤军奋斗。

——摘自焦其恺《从广东回来的报告——八一南昌后行广东的经过》(一九二七年十月二十五日于汉口)，《南昌起义》，中共党史资料出版社 1987 年版

（二）

国民革命军总司令钱大钧兵至，朱德夜渡东文部，於石子凸战壕架大炮作凭江守险，居高临下之势。国军师长王文翰遣士卒徒黄坝上游用船二十艘渡河冲锋，据其战壕，复从三河下游百子渠驾舟暗渡越岭，占其高山，血战两昼夜，死伤八百余，掳获三百余。共军败退。是月 7 日，朱德遣千余人扎中兰松仁峰，国军数千远山攻击，朱军炮火甚烈，国军不能进，后遣大炮队登天子岌岽，轰击松仁峰，激战二时，朱军稍退仍负固抵抗，再遣一营袭朱背，朱败守太阳岽，率以兵少弹稀夜遁同仁，计死伤五六百，尸横遍野，乡人钟宝三雇工掩埋二百余具。

——摘自民国《大埔县志》第三十八卷

（三）李济深、黄绍竑十月六日电

国急　限即刻到

南京军事委员会、李总指挥（李宗仁）、何总指挥钧鉴：

……。三河坝方面，叶逆之二十五师，经令右翼军痛剿矣等语。又接钱总指挥由大麻支电称：敌第二十五师周士第部，及九军朱部，合农匪共计六七千人，分据三河坝多场一带，经职部于冬日回击，敌全数渡河，其一部河左岸逐渐向右溃逃。我第十八师新一师江日渡河，在莲圹以南沿河一带与之激战两昼夜，是日被我第二十师由东文部抄敌侧背，始将该逆击溃，向百侯湖尾狼狈逃窜，刻正追击中，等语。……

李济深　黄绍雄（竑）叩　鱼印

——载一九二七年十月十九日《上海民国日报》

（四）钱大钧指挥部自三河坝电

本月二日上午十一时，本军一部与敌二十五师及第九军朱德残部，约四千余人，相持于大麻三河坝附近（大埔境），约数小时，敌势不支，我军除将敌大部缴械外，其余残部暂向我军右翼移动，似欲向潮汕溃退。三日钱总指挥抵大麻后，立即亲率卫队十余名，向前线指挥，士气为之大振，敌家遂被包围，并缴敌枪械辎重无算，俘虏四百人。同时，我军二十师渡河追击，据报此役击毙敌团长二名，营连长数十名，士无算，我军亦略有损失。四日晨，大麻对岸莲圹附近高地一带之敌，经我军新编一师及十八师（苏世安）击溃，敌一小部分向潮寮、百侯溃窜，我军追击部队五路向该敌包围，敌方死亡枕藉。同日，我军第二十师王文翰三日下午三时，向三河坝发来致苏蔡两副师长通报云：二十师刻已占东文部（三河坝对岸能大埔要道），敌向湖寮（通平和要道）退却，我军已派大队渡河追击，日内可肃清矣。

五日总部捷报云：昨经我军击溃之敌，残部二千人，据所已由湖寮退至百侯，似有向饶平方向退却模样，本军刻正派队追击。

——载一九二七年十月十七日《申报》

回忆资料

（一）

起义军南下途中，右翼支队由我率领，在三河坝虽然失败但没有被完全打垮。我们由福建退至江西，开始被迫上山，被迫进行游击战争。这有一个好处，从此以后即开始转入正确的方向——游击战争的方向，不是采取过去占大城市的办法，而是实事求是，与群众结合，发动群众起义，创造革命根据地。

——摘自朱德《在编写红军一军团史座谈会上的讲话（一九四四年）》，《南昌起义》，中共党史资料出版社 1987 年版

（二）

朱总司令不论是行军，不论是在三河坝，不论是打仗，见人就谈，谈革命前途，谈继续革命的方法。朱总司令说，革命的跟我走，不革命的可以回家，大革命失败了，不勉强。只要有两条枪，我就有办法。

——摘自陈毅《关于八一南昌起义》，《南昌起义》，中共党史资料出版社 1987 年版

（三）

起义军主力占领潮汕，第二十五师留在大埔县的三河坝，归朱德同志指挥。

我们到达三河坝后，中共大埔县委派一个同志驻在师部，与我们保持密切联系，派人帮助二十五师到西面的梅县城和北面的松口等侦察敌情，给我们提供后勤支援。二十五师政治部也派出工作队，在三河坝一带做群众工作，宣传党的政策，还把一部分枪支交给大埔县委和三河坝地区群众。

不久在松口方面发现许多敌人，有进攻三河坝的模样。

……

战斗进行了三天三夜，消灭敌人一千多，并缴获大量枪支。我们也伤亡好几百人。

……

三河坝战斗进行的时候，我们还不知道潮汕已经失守，起义军主力已经失败。我们当时认为守住这个地区对主力军作战有利，因此坚持与兵力超过我们许多倍的敌人作战。激战三天三夜后，东文部、笔枝尾山都被敌人占领，我们已处于绝对优势敌人的三面包围之中，于是就决定退出战斗，拟经百侯圩、饶平到潮汕与主力军会合。

——摘自周士第《起义中的二十五师》，《南昌起义》，中共党史资料出版社 1987 年版

● 周士第

（四）

南昌起义部队进入潮汕地区时，二十五师由朱德率领留守三河坝，阻击北面的敌人。

这时，敌人集中主力分东、北、中三路向起义军进攻。北路钱大钧……中路是黄绍竑……东路是陈济棠、薛岳……当主力在汤坑作战失利时，三河坝的部队也受到黄绍竑部的进攻。

——摘自《萧克谈南昌起义》，《南昌起义》，中共党史资料出版社 1987 年版

● 廖运周

（五）

当敌人纠集三师之众，屯据梅县一带。朱德同志率领二十五师留守军事要地三河坝。十月一日，梅县方向的敌人沿韩江北岸向三河坝我军发起进攻，激战终日，敌人终未得逞。……第二天午后，朱德同志在河滩竹林旁边召集全师军官讲话。……十月三日拂晓，大雾弥漫，笼罩韩江，数十步外不能见人。敌人组织了更大兵力强行渡河，滩头前沿阵地再度陷入敌手。第四日拂晓前我师主力已远离战场，敌人又开始向我猛扑。我们和这些纠缠不休的敌人直打到六时左右，才采取次第掩护，逐步撤退的办法摆脱了敌人，沿着一条小路向西南方前进。

——摘自廖运周《回忆南昌起义前后的七十五团》，《南昌起义》，中共党史资料出版社 1987 年版

（六）

七十三团和农民军一起奋力拼杀，与敌人展开白刃格斗。只见银光闪闪，杀声四起，敌人被杀得死的死，伤的伤，或当了俘虏。我七十三团团长孙一中同志和三营营长蔡晴川同志也在这次战斗中受了重伤。

——摘自赵镕:《南昌起义到井冈山会师》，《南昌起义》，中共党史资料出版社 1987 年版

（七）

记不得是同一天还是第二天，时间是下午，我们正陪着朱德和周士第同志散步，忽然一位通讯兵送来一份报告，他们两人看了，立即离开大家，带着卫兵，爬上旁边的山头，视察地形……我亲眼看到对面不远的山头有一个敌人军官指挥着士兵向我方阵地前进。我方的射击把他们击退了，但他们又逼着他们前进。

——摘自徐先兆:《八一南昌起义前后》,《南昌起义》，中共党史资料出版社 1987 年版

（八）

第二天午后，朱德在河滩竹林旁边，召集全师官兵讲话。他和士兵一样，背着小斗笠，穿着短裤和草鞋，给人一种非常温厚和朴实的感觉。朱德同志动员我们：要坚守三河坝，牵制敌人兵力，为向海陆丰进军的我军创造有利条件（当时我军已占领了潮汕）。同时他指出：我军绝大部分都是农民出身，革命的军队必须与农民结合，才能取得革命胜利。他号召我们要发扬会昌歼敌的精神，保持铁军的荣誉，战胜来犯敌人。朱德同志很仔细，很周到，很具体地指示我们哪些地方如何做工事；哪些地方如何把守；对渡江的敌人如何打法。他那种面临大敌镇定自若的态度和语重心长的讲话，坚定了我们每个人的胜利和信心。他那慈母般的和蔼、慈祥，同时也赢得了我们衷心的敬慕和爱戴。

——廖运周:《回忆南昌起义前后的七十五团》,《南昌起义》，中共党史资料出版社 1987 年版

（九）起义军中的二十五师

战斗进行了三天三夜，消灭敌人一千多，并缴获大量枪支。我们也伤亡好几百人。

在战斗中，当地农民武装一百多人在龙虎坑、笔枝尾山与我们并肩战斗，共同杀敌。他们有些人在战斗中负伤，光荣牺牲。在战斗进行中，有些农民还燃放鞭炮，帮助我们，迷惑敌人。战地附近村庄群众，还冒着炮火，不顾生命危险送饭送水到阵地，群众还帮助我们运粮食、抬伤兵、掩埋牺牲了的同志的尸体。

三河坝战斗进行的时候，我们还不知道潮汕已经失守，起义军主力已经失败。我们当时认为守住这个地区对主力军作战有利。因此坚持与兵力超过我们许多倍的敌人作战。激战三天三夜后，东文部、笔枝尾山都被敌人占领，我们已处于绝对优势敌人的三面包围之中，于是决定退出战斗，拟经百侯圩、饶平到潮汕与主力军会合，到达饶平以北的茂芝前，遇见从潮州退下来的几百人，才知道汕头、潮州已经被敌人占领，起义军主力已失败。于是，我们就把负伤人员交给饶平、平和地方党组织分散安置，并送给饶平、平和等县党组织各一部分枪支，然后离开广东，经福建的永定、峰市和武平，向江西方向转移。

——周士第：《起义中的二十五师》，《周士第回忆录》，人民出版社 1977 年版

第七章 穿山向西进

南昌起义部队南下征战广东潮汕失利，朱德率起义军余部激战三河坝之后，在茂芝会议作出《穿山西进，直奔湘南》的决策，转战赣粤湘边界，后来挺进井冈山与毛泽东部队会师。

南昌起义军余部转战粤北示意图

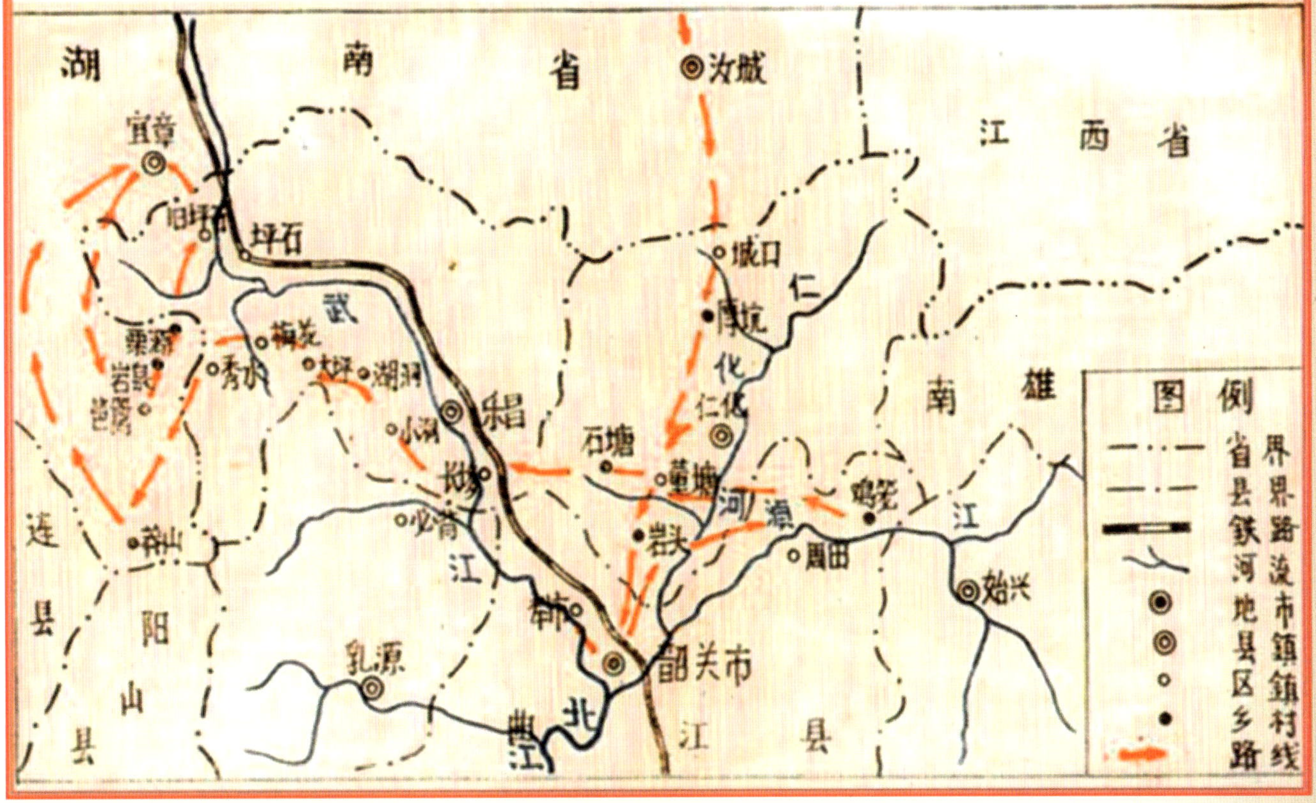

● 南昌起义军余部转战粤北示意图

壹 茂芝会议

朱德率领的起义部队在完成阻击、掩护起义军主力占领潮汕任务后主动撤出战场，步行两天两夜，经大埔的湖寮、百侯，于10月5日一早到达饶平的上饶，计划绕道饶平县再下潮汕与主力部队会合。

起义军到达饶平上饶后，集中于茂芝村，此时该部在三河坝的3000多兵力，因连续三昼夜阻击战，已损失近三分之一，到茂芝后，人困马乏，军装破损，但纪律严明，秋毫无犯，均露宿于群众的屋檐下。指挥部设在全德学校。5日下午，朱德不顾长途行军的疲劳，接见了饶平部分县区乡干部，是晚在茂芝高阳楼前群众欢迎会上，勉励大家要坚信中国共产党，同心同德，将革命进行到底。

● 全德学校——南昌起义军茂芝军事决策会议旧址（历史照片）

茂芝会议纪念馆近景

茂芝会议纪念馆大厅

10 月 6 日，从潮州突围的起义军第二十军第三师教导团参谋长周邦采带着沿途收容起来的 200 多名士兵，辗转到达饶城，得知朱德驻军茂芝，即赶到茂芝与之会合，经他汇报以后，朱德等始知起义军主力在潮汕失败的情况。

起义军主力在潮汕失败的消息传开后，一时间军心浮动。这时部队又与中央和前敌委员会失去联系，部队随时有被围歼，或自行散伙的危险。在严峻处境面前，为稳住部队的情绪，10 月 6 日晚，朱德召集周士第、李硕勋、陈毅等起义军主要领导开碰头会，对周围的形势做了客观分析，认为当务之急，就是依靠部队各级党组织，发挥核心领导作用，纠正悲观消极情绪，坚定革命意志。碰头会后几位主要领导干部分头深入部队召开党员骨干会议，做思想工作，初步稳定了战士们的情绪。朱德的冷静镇定，在狂风巨浪中起到了中流砥柱的作用，迅速安定军心，提高了指战员的战斗意志。

10 月 7 日上午，朱德在茂芝全德学校主持召开了团以上干部军事会议。首先，由周邦采简略地把潮汕前线的情况向大家作汇报。接着，会议围绕要不要继续举起革命旗帜和保存南昌起义革命种子为题，展开了激烈的争论。会上，有的人心情沉重，有的人心灰意冷，有的人提出解散队伍。对此，朱德冷静果断地指出："同志们，撤离三河坝，我们还寄希望予前线，现在主力部队失败了，我们失去了与党中央的联系，变成一只孤军了！我们只有另想办法，另找出路。起义军主力虽然失败了，但八一南昌起义这面旗帜不能丢，武装斗争的道路一定要走下去。"他扫视一下全场的同志们又说："我是共产党员，就有责任把'八一'南昌起义的革命种子保留下来，有决心担起革命的重任，有信心把这支革命队伍带出敌人的包围圈，和同志们团结一起，一直把革命干到底。"

朱德的讲话及态度，给与会者带来信心。陈毅挺身而出接着说："我愿意辅助朱军长，把南昌起义军的种子保存下来，我们这支队伍来之不易，千万散不得啊！"李硕勋、王尔琢等人也在会上表态，坚决支持朱德，大家团结协力，冲出敌人重围。

会议深入分析了局势，讨论了前进方向，进军路线及注意事项，最后朱德把大家意见归纳

● 全德学校今貌

● 全德学校内南昌起义军用过的古井

为几点：第一，我们和上级党的联系已经中断，要尽快找到上级党组织，取得联系，以便及时得到指示。第二，要找到一块既隐蔽又有群众基础的立足点，以利这支部队的生存和发展。而湘粤赣边境地带，山深林密，是几个省的接合部，敌人兵力薄弱，互不统属，有较充分的回旋余地。况兼这里民生困顿，农民运动搞得较早，支援北伐最得力，我们应以此为立足点。第三，根据所得情报，敌人已从南、西、西北三个方面形成对我军的包围圈，我们只能从东北方向，用隐蔽行军的方法，穿插出去，再迂回西进，使敌人摸不到我军的意图，寻不到我军的去向。第四，现在我军处于最艰险境地，要发挥党团员先锋模范作用，做艰苦细致思想工作，坚决扭转对革命灰心消极混乱思想，安定军心，更要防止一些失败主义者自由离队、拖枪逃跑，甚至叛变投敌的严重事件发生。会议纠正了起义军中悲观情绪，否决了少数同志关于“解散队伍”的提议，坚持支持朱德的领导，也放弃了原来打下潮汕的计划，并作出甩开敌人，“穿山西进，奔向湘南”的决策。

1927 年 10 月 7 日下午，起义军在朱德的率领下，从茂芝东北的麒麟岭出发，由饶平县委派出的赤卫队员引路进入福建的平和县。中共饶平县委书记杜式哲率当地同志前来送行。朱德在部队离开之前，亲自与杜式哲面谈，鼓励地方党员同志，要坚定信心，带领群众，将革命进行到底。

● 茂芝东北麒麟岭今貌

贰 转战湘赣

（一）赣南三整

1927年的10月中旬至11月中旬，起义军进入赣南，部队出现思想混乱、士气低落、军心不稳、纪律松弛、离队人员增加等现象，队伍从原2000多人减至800余人，部队面临瓦解的危险。针对这些问题，为稳定部队思想，加强部队建设，提高部队战斗力，朱德和陈毅在赣南对部队进行安远天心圩整顿、大庚整编、崇义上堡整训，史称“赣南三整”，对稳定起义军余部起到了重要的作用。

● 天心圩整顿旧址

● 大庾整编旧址

● 崇义上堡整训旧址

（二）与范石生部谈判

经过崇义整训后，队伍基本得到了稳定，但仍然面临着物资和装备供给的严重困难。此时，国民革命军第十六军军长范石生部驻湘粤边一带，为扩充部队，派韦伯萃（共产党员）来和朱德联系，希望合作。鉴于起义军面临的困难，朱德和陈毅、王尔琢商量，利用范与蒋介石的矛盾和朱与范的同学关系，并经党组织同意，决定在建制不变，保证组织上独立、政治上自主、军事上自由的前提下同范石生部合作，以便使部队得到补充、休整和发展。朱范合作，为起义军余部的保存、巩固和壮大，乃至湘南起义和红四军的创建，起到了重大的作用。

11 月 21 日，朱德与范石生代表曾曰唯谈判，提出三个条件：我们是共产党的队伍，党什么时候调我们走，我们就什么时候走；给我们的物资补充，完全由我们支配；我们内部组织和训练工作等，完全照我们的决定办，不得干涉。经过两天谈判，范石生完全接受朱德的条件，双方达成如下协议：同意朱德提出来的三条原则；起义军改用第十六军四十七师一四〇团的番号，朱德化名王楷，任四七师副师长兼一四〇团团长（不久范委任朱德为第十六军总参议）；按照 1 个团的编制，先发给 1 个月的薪饷，并立即发放弹药和被服。

协议达成以后，12 月 10 日，朱德率领起义军 800 余人，打着范石生部一四〇团番号，离开了湖南的汝城，随范石生部移防粤北。

● 范石生（1887—1939），云南峨山县人，云南讲武堂毕业，参加过同盟会、辛亥革命、护国讨袁起义，被孙中山授上将军衔并誉为“功在国家”。1926 年任国民革命军第十六军军长，1927 年 11 月在汝城同朱德合作。1939 年在云南昆明小南门被蒋介石的暗探谋害。

“春城（昆明）一别匆匆数载，兄怀救国救民大志，远渡重洋，寻求兴邦立国之道，而南昌一举，世人瞩目，弟诚感佩良深。今虽暂处逆境之中，然中原逐鹿，各方崛起，鹿死谁手，仍未可知。（兄）来信所提诸论点，愚意可行，弟当勉力为助。兄若再起东山，则来日前程，不可量矣！弟今寄人篱下，终非久计，正欲与兄共商良策，以谋自主自强。希即枉驾汝城，到（曾）曰唯处一晤，专此恭候。”

● 范石生给朱德的信

叁 移驻粤北

起义军余部在韶关活动近两个月，在朱德、陈毅的领导下，开始走上武装斗争与农民运动相结合、正规战向游击战转变的新征程。其间，起义军不仅开展农民暴动，实施练兵，还策划湘南起义，取得坪石大捷。

（一）支持农民暴动

12 月 10 日，朱德部经仁化城口到达董塘圩。当晚，朱德与当地农会、农军负责人蔡卓文等取得联系召开会议。会上，朱德传达党的八七会议精神，并应农会的要求，决定夜间联合农军组织暴动，镇压地主豪绅，逮捕了土豪劣绅 33 人。次日召开群众大会，

● 朱德、陈毅部在董塘活动遗址（一）

● 朱德、陈毅部在董塘活动遗址（二）

对土豪劣绅进行公审。此处活动，重新点燃了仁化的革命烈火，标志着起义军余部从此开始走上了武装斗争与农民运动相结合的道路。

● 蔡卓文

朱德、陈毅率部在仁化董塘开展农运时，广东北江农暴委员会转来中共广东省委要求其部南下参加广州起义的指示。然而，当起义军到达曲江韶州火车站时，得知广州起义提前爆发并已失败的消息，遂停止南下，在曲江城东西河坝驻扎下来，并在东河坝与当地农军取得联系，进行革命宣传，组织恢复农会。

1927 年八七会议后，中共广东省委制订全省各县、市暴动计划，并将北江作为广东暴动中心之一。1927 年 12 月 20 日，为了加强北江农民暴动的领导，中共广东省委决定成立中共北江特委。特委设在犁铺头圩，朱德与北江特委取得联系后，被任命为特委委员。

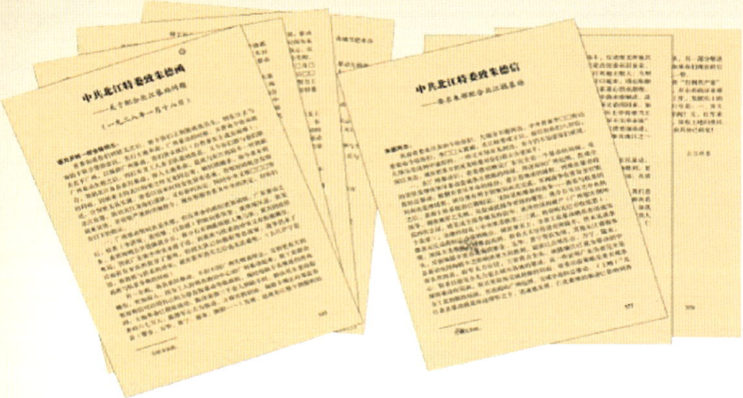
中共北江特委致朱德函

中共北江特委致朱德信

中共北江特委致朱德函

朱德率起义军余部抵达的韶州火车站（历史照片）

朱德在东河坝用过的藤箱

曲江农运领导人、中共广东省委员欧日章根据党的指示，于 12 月中旬起在曲江西水（今韶关市武江区重阳一带）组织发动农民暴动。在此期间，朱德按照党的指示，不仅组织部队在当地开展革命宣传活动，还两次派出部队支持配合西水农民暴动，并取得了阶段性的重大胜利，使曲江成为北江的农暴中心之一。

● 南昌起义军朱德、陈毅部队韶关驻地旧址全景

● 南昌起义军朱德、陈毅部队韶关驻地旧址，教堂塔顶近景

● 南昌起义军朱德、陈毅部队韶关驻地旧址大门近景

● 南昌起义军朱德、陈毅部队韶关驻地旧址内部大院

（二）犁铺头练兵

朱德率起义军余部于12月19日移驻城北犁铺头圩（今属浈江区犁市镇），指挥部设在圩中的一当铺里。为了探索中国武装斗争的战略战术，提高起义军余部的军事素质和战斗力，朱德抓住与范合作的有利时机，在犁铺头组织部队开展练兵运动。当时，朱德不仅亲自编写教材，指挥训练，还根据自己长期武装斗争的实践和国外所学的军事知识及南昌起义军南下广东失败的经验教训，提出了“强敌进攻莫硬打、抓敌弱点我猛攻、孤敌疲敌我围歼、常遣精兵骚扰敌”的游击战术。这一新战术的提出，标志着朱德游击战术的形成，为后来红四军游击战方针的制定和中国武装斗争的胜利作出巨大贡献。

● 犁市当铺——南昌起义部队韶关革命活动旧址内景

● 犁市当铺——南昌起义部队韶关革命活动旧址碑刻

● 朱德率南昌起义部队莲塘村练兵场旧址现状全景

● 朱德率南昌起义部队练兵场犁市中心小学校内操场全景

中共中央得知朱德率南昌起义军余部转战到湘粤边后，分别于 12 月 21 日和 27 日设法致信朱德及其全体官兵：要求朱德率部脱离范石生部，与湘赣边的毛泽东联络，共同计划，开展革命活动；立即与广东省委接洽，直接受北江特委的指导，联络北江农军及广州起义退往北江的部队，做农暴的主要副力，开展北江农暴，扩大和深入北江土地革命。

与此同时，何长工在井冈山受毛泽东委托，前往湘赣粤边寻找朱德部队。12 月下旬，何长工在韶州火车站得知朱德部队驻扎犁铺头时，连夜前往与其会面，并向朱德报告了毛泽东率秋收起义部在井冈山开展革命活动的情况，朱德也向何长工介绍了南昌起义军在潮汕失利和余部转战来到粤北的情况。这次会面，孕育了南昌起义军余部上井冈山与毛泽东秋收起义部队的会师。

1928 年 1 月 3 日，朱德与范石生合作之事被人告发，国民党广东当局要求范石生解除起义军并逮捕朱德。所幸，范不忘旧谊，派人送密信，通知朱德“从速离开”，自谋出路。朱德、陈毅按照中共广东省委的指示，与中共北江特委的同志召开紧急会议，决定以“野外演习”为名，率部迅速撤离犁铺头，东去仁化南下英德、清远一带，组织开展农民暴动。

（三）攻打仁化县城

撤离犁铺头后，起义军东去、南下，在仁化与曲江周田受阻折回仁化董塘。1 月 5 日，联合当地农军、群众 500 多人攻打占领仁化县城，这是起义军穿山西进中第一次攻打县城，破狱救出农友 50 多人，筹款 2000 余元，缴获了枪支弹药一批。接着，又在南较场召开群众大会，由陈毅讲话，号召一切被压迫群众起来干革命。随后，起义军返回董塘，朱德根据形势发展需要，将农军改编为工农革命军（仁化）独立团，下设 4 个营，并留下滕铁生等 8 名起义军军事人员充实该团力量，并送给子弹两箱。组建工农革命军（仁化）独立团，为推动坚持一年之久的仁化暴动起到了重要作用，使仁化暴动成为广东“农民暴动中最伟大的战斗”。

● 工农革命军独立第四团团部旧址（一）

● 工农革命军独立第四团团部旧址（二）

● 仁化县城旧貌（历史照片）

起义军联合农军攻打仁化县城后，朱德在董塘召开军中负责人紧急军事会议，研究部队去向和今后发展问题。经过讨论，朱德决定部队向西进军，到粤北乳源与湘南宜章边境，建立革命根据地，开展武装斗争。随后，起义军在朱德、陈毅的率领下，离开仁化经乐昌县境，向粤湘边进军，于 1 月 7 日到达乳源县梅花圩杨家寨（今属乐昌市）。

● 起义军召开军事会议的杨家寨文奎楼所在的杨家寨礼堂（历史照片）

● 起义军召开军事会议的杨家寨文奎楼标识牌

起义军召开军事会议的杨家寨文奎楼正面图

起义军召开军事会议的杨家寨文奎楼下的陈列室

在杨家寨参加军事会议的王尔琢

在杨家寨参加军事会议的杨子达

起义军离开杨家寨经过和暂驻的梅花圩（历史照片）

（四）取得坪石大捷

乐昌坪石圩与湘南宜章县交界，为粤湘交通门户，历来是兵家必争之地。1928 年 1 月 12 日宜章暴动的胜利，震慑了湘南和粤北的国民党反动军队。1 月中下旬，马日事变刽子手、国民党独立第二师师长许克祥率部从韶关开到乐昌坪石，将部队摆成一字长龙阵，向宜章城进攻，企图消灭朱德部队。朱德决定，革命军主力实行战略转移，撤出宜章，

坪石大捷缴获的迫击炮

老坪石圩全景（历史照片）

采取游击战、运动战战略战术，从城南向坪石进攻。在宜章和乐昌农军的配合之下，一举歼灭许克祥部 6 个团，活抓 1000 多名俘虏，捣毁许部坪石后方仓库，缴获步枪 2000 余支，手枪 100 余支，重机枪 10 多挺，山炮、迫击炮 30 多门，弹药被服不计其数，取得了著名的坪石大捷。许克祥见大势已去，剥去军装，换上便衣，偷来一只小船往武水逃命。这场大捷是朱德总结南昌起义军潮汕失败的教训，改变战术，由正规战转为游击战取得的重大成功，对推动和确保湘南起义起到了重要的作用。

坪石战斗胜利的 2 月 1 日晚上，为了研究革命军的行动和发展，朱德、陈毅等在坪石附近的皈塘召开特别会议。朱德在会上作题为《今后斗争的工作路线》的报告，还对湘南总起义作了进一步的部署。会上，朱德根据湘桂军阀内争无暇南顾的有利时机，提出了立即挥师北上郴州、耒阳，发动湘南总起义的建议。会议对朱德的建议进行了讨论，并就党政、军事、俘虏处置问题作出了决定，确定了湘南总起义的方针和行动步骤。

老坪石街全景今貌

朱德在老坪石居住地遗址（历史照片）

2月2日，召开坪石战斗祝捷大会，会上朱德宣布成立“中国工农革命军乐昌独立营”，李光中任党代表，李家泉任营长。该营后来参加了湘南起义，上井冈山加入了中国工农红军第四军和井冈山斗争。在祝捷大会上，朱德指出：“坪石大捷，充分证明反动

● 坪石大捷祝捷会场旧址

● 坪石大捷祝捷会场旧址后面的皈塘古村

● 坪石大捷祝捷会场旧址全景

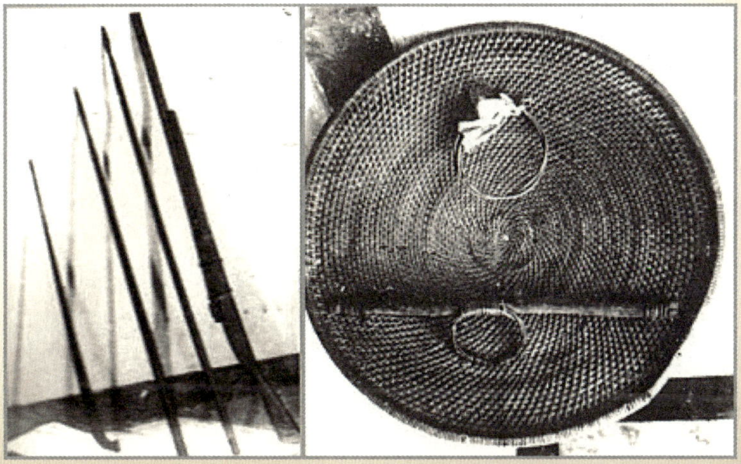

● 乐昌坪石畈塘农军配合朱德部队攻打坪石时用过的土枪和藤织盾牌

● 朱德在皈塘村晒谷场召开坪石战斗祝捷大会旧址（历史照片）

派貌似强大，神气十足，但内部却很虚弱，它是可以打败的，而人们的力量则是无敌的，尤其是组织起来武装起来的人民是不可战胜的”。朱德在会上赞扬了工农革命和地方农军的战斗精神，还笑说许克祥“昔日屠杀工农，何等威风，今日却给我们送来大批枪炮，成了许送枪”。

为了发动湘南总起义，朱德、陈毅于 2 月上旬率工农革命军从坪石皈塘经白石渡向北进军。随后，相继占领和攻克郴州和耒阳。至 3 月初，武装起义遍及湘南大地。3 月上旬，受湘、粤、桂军阀的南北夹击以及中共湘南特委“左”倾盲动主义的影响，湘南总起义遭到失败。朱德审时度势，借鉴南昌起义军南下广东失败的教训，为保存革命力量，作出了工农革命军撤离湘南，向井冈山转移的决策。4 月底，朱德、陈毅率工农革命军和湘南、粤北农军万余人到达砻市，与毛泽东领导的秋收起义部队会师，随后，创建中国工农红军第四军（后改为红四军），由此开始了中国革命武装斗争的新局面。

文献资料

（一）关于起义军参加西水农暴的记载和回忆

西水斗争是农民先向地主进攻的，当时是得朱德帮助。十二月二十二日间朱德派一连人会同百余农军及农民进攻大沙州下村（朱姓地主），打死地主一人，拘获五人，又枪毙四个（共死五个），并把乡村焚烧，牵牛三十六头，没收米谷很多（一百余人吃过了一个月，农民又抽了许多回家去），农民仅伤一人。枪支（原文如此），已逃到列村地主仅存一人未杀到。此次斗争之后，地主开始向农民进攻。十二月二十八日，列村等地主一齐向水心村、暖水、清水塘进攻（说有千人分头来攻，恐怕是农民说错的）。水心村即日被攻破，毙农民五人，被缴枪数支！猪牛家产被抢一空，全村屋宇被焚。至暖水至清水塘未被攻下，因朱德又派队往助，把民团击退，并击毙民团十余人伤百余人。

——摘自《中共北江特委关于农民运动情况给广东省委的报告（1928 年 1 月 26 日）》

● 西水暴动旧址

● 西水暴动万侯战斗旧址（历史照片）

● 西水暴动万侯战斗旧址（历史照片）

（二）关于朱德脱离范部的记载和回忆

……朱德已接到省委命令脱离范部，不过脱离几乎是得了范的同意，范并发了两关饷、子弹二十万发。范极力拉拢朱德表示好意。以致脱离时，朱竟未解决附近范部。脱离后赴仁化，本拟绕道始兴到英德，被十八师苏世安部所阻，遂转赴坪石……。现已到坪石，拟先取乐昌，解决许部后……，即到目的地帮助农民暴动，北江特委已有信给他。兹上。

——摘自《中共广东省委给中央的报告》（五）——关于北江地区暴动和朱德部队脱离范部情况（1928 年 1 月 18 日）

（三）关于坪石特别会议的记载

在会上（朱德）提出立即挥师北上郴州、耒阳，发动湘南总暴动的建议，会议根据这一建议进行讨论，最后在军事方面做出决定：一、趁湘桂军阀无暇南顾的机会，对北面采取攻势，扫荡郴县、耒阳、永兴等县的敌军和民团，向衡阳游击，以开展苏维埃运动；对南面采取守势，以巩固宜章政权。二、把宜章独立团即工农革命军第一师第三团改编为工农革命军第三师，胡少海任师长。该团留守宜章，保卫胜利果实并监视坪石、韶关之敌动态。朱德、陈毅指挥工农革命军第一师向北发展。

——摘自《朱德年谱》新编本（上），中央文献出版社 2006 年版

（一）关于犁铺头练兵的回忆

那时，练兵没有教材，朱德同志便废寝忘食，根据自己在德国、苏联学到的军事知识，和辛亥革命后在滇越边界平息战乱以及护国、靖国战争中所摸索到的一些经验，亲手草拟了《步兵操典》和《阵中勤务》两部教材。在战术中，他把旧式的疏开队形改为新式的电光形即递次配备的疏开队形，把旧式的一字散兵线改为新式配备的散兵群……使教材内容中既有我国传统的作战方法，又有许多外国先进的战术。后来红军的某些军事教材就是根据这两部教材编写而成的。

朱德同志还根据当时敌强我弱的情况，提出了必须掌握运用灵活的战略战术。例如：强敌进攻莫硬打，抓敌弱点我猛攻，孤敌疲敌我围歼，常遣精兵骚扰敌。这些战术原则后来逐步形成了红军的游击战术。在训练中，朱德同志经常到现场亲自指挥，亲自讲解，亲自示范。发现战士动作稍有不符合要领之处，他都一遍一遍地加以纠正，直到符合要领为止。他的言传身教，使干部战士都受到了深刻的教育和极大的鼓舞，促进了部队军政素质的迅速提高。

——摘自《赵镕文集》，人民出版社 2017 年版

● 中共广东省委关于朱德部队在北江活动的历史文献

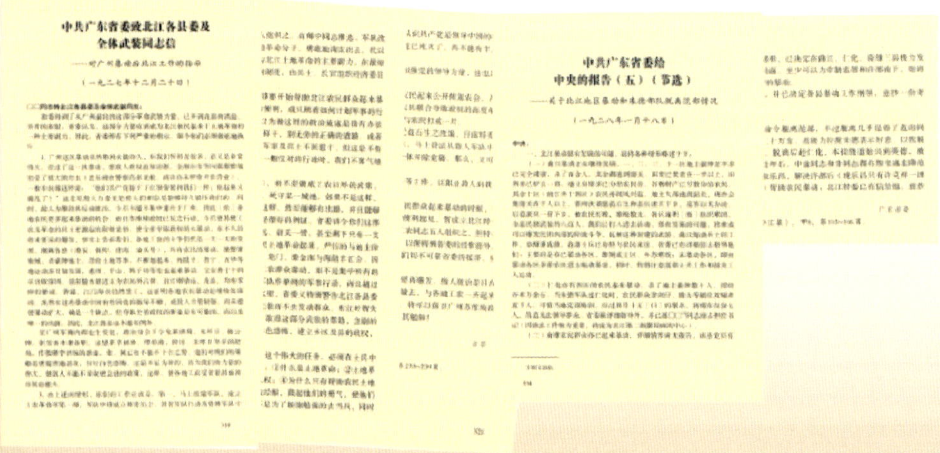

中共广东省委致北江各县委及全体武装同志信

——对广州暴动后北江工作的指示

（一九二七年十二月二十日）

中共广东省委给中央的报告（五）（节选）

——关于北江地区暴动和朱德部队驻粤活动情况

（一九二八年一月十八日）

（二）关于“坪石大捷”的回忆

宜章暴动后，马日事变的刽子手许克祥率部由坪石来进攻我们。我们的同志和广大群众对许克祥是恨之入骨的，听说打许克祥，士气空前高昂，个个争先恐后。许克祥把他的六个团摆成一条长蛇阵，这就便于我们各个击破。战斗一打响，我们很快就把他先头的一个团打垮，紧跟着追击下去，一路走，一路打，把他的六个团一个一个地都打烂了。我们追到坪石时，敌人已溃不成军，乱作一团。坪石是一条峡谷，且无交叉道路，敌人只能沿这条峡谷逃窜，我们就一直追下去，追到乐昌河边，再不能追了才停止下来。这一仗打得很好，我们抓了很多俘虏，其中有一部分补充了我们的部队。特别是在坪石，把许克祥的后方仓库全部缴获了，补充和武装了自己，不仅得到了机关枪，而且得到了迫击炮和大炮。可以说，许克祥帮助我们起了家。

——摘自朱德:《从南昌起义到上井冈山》,《朱德选集》，人民出版社 1983 年版

这次战斗，我们缴到了一门山炮，许多迫击炮，大批的步枪机关枪，二百多担子弹。……这是潮汕失败之后我军改变作战方法，首次获得重大成功，并创造了以少胜多的优秀战例。

——摘自粟裕:《激流归大海——回忆朱德同志和陈毅同志》，上海人民出版社 1979 年版

坪石这一仗，战果辉煌，摧垮了许克祥的一个整师，俘敌一千余人，缴获步枪近二千支，轻重机枪一百余挺，迫击炮、山炮三十余门，弹药被服无数。几百米长的大街上，堆满了各种缴获物资。从四面八方涌到街上看热闹的人群，你拥我挤，围得水泄不通，有个年轻的农民自卫队队员当场编了一首顺口溜唱道:“许克祥，学老蒋，乖乖地送来炮和枪，当了新任的运输大队长，不要收条不记账，慷慨大方好商量，革命人民心高兴，送他个诨号就叫‘许送枪’！”这个大名，常常被人们当作笑料，在粤北湘南一带广为流传。

——摘自赵镕:《跟随朱德同志从南昌到井冈山》,《近代史研究》1980 年第 1 期

（三）

当时我们这支部队的处境极端险恶。敌人的大军压境，麇集于潮汕和三河坝地区的国民党反动军队有五个多师，共约四万人左右，其势汹汹，企图完全消灭我军，扑灭革命火种。从内部来说，我们的部队刚从各方面会合起来，在突然遭到失败的打击之下，不论在组织上和思想上都相当混乱。这时与周恩来等同志领导的起义军总部已失去联系，留下来的最高领导人就是第九军副军长朱德同志。虽然下面的部队绝大部分都不是他的老部队，领导起来有困难，但在此千钧一发之际，他分析了当前的敌我情况，作出了正确的决策。

——粟裕:《激流归大海——回忆朱德同志和陈毅同志》,《人民日报》1978 年 12 月 1 日

（四）

朱总司令不论是行军，不论是在三河坝，不论是在打仗，见人就谈，谈革命前途，谈继续革命的方法。朱总司令说，革命的跟我走，不革命的可以回家，大革命失败了，不勉强。跟我走，只要有两百条枪，我就有办法。一九二七年中国革命等于一九〇五年的俄国革命，俄国在一九〇五年革命失败后是黑暗的，但是黑暗是暂时的，到一九一七年革命终于成功了。中国革命现在失败了，现在也是黑暗的，但是黑暗同样遮不住光明，只要能保持实力，革命就有办法，革命就能够成功。对于中国今后的革命战争问题，朱总司令回答说:“农民的游击战争是主要形式。”对于反革命整体跟在后面怎么办的问题，朱总司令回答说:“他总有一天不追的，因为中国军阀的军阀性、买办性、封建性，他们之间不能协调，他们自己打起来，就不会追我们了，我们就可以发展了。”

——陈毅:《关于八一南昌起义》,《近代史研究》1981 年第 2 期

一、起义军在粤大事记

1927 年

8 月

1 日

凌晨，在以周恩来为书记的中共中央前敌委员会（前委）的领导下，贺龙、叶挺、朱德、刘伯承等率领在党直接掌握和影响下军队 2 万余人举行南昌起义。经过 4 个多小时激烈战斗，起义军歼敌 3000 余名，占领南昌城。

上午，在原江西省政府所在地西华厅，召开国民党中央委员及各省区特别市海外各党部代表联席会议。选举产生革命政权机构——中国国民党革命委员会，并通过了革命政纲——《联席会议宣言》。

午后，聂荣臻在马回岭得知南昌起义已经取得胜利后，利用午睡时间，以打野外为名，发动第四军二十五师部分官兵起义。

下午 7 时，起义参谋团为实现“回粤去号召农民暴动，实现土地革命，建立新的革命根据地之目的”，讨论了起义部队南进广东的路线问题，决定由赣东经寻乌直取东江。

3 日

朱德率第九军（实际约 1 营人）、蔡廷锴率第十一军第十师为先头部队，离开南昌向广东进军。

4 日

叶挺部第十一军第二十四、第二十五师离开南昌南下广东。

5 日

前委、革委机关和贺龙率领的第二十军撤离南昌南下广东。

9 月

5 日至 11 日

起义部队先后到达汀州。在此期间，召开军事会议，讨论夺取东江的计划。决定以主力取潮汕，留一部分兵力于三河坝，再经揭阳出兴宁、五华取惠州。

18 日至 22 日

起义部队先后到达大埔县境内的三河坝，并按汀州军事会议决定，实行第一次分兵：朱德率第九军、第二十五师约 3000 人驻守三河坝，警戒梅县方面敌军；主力部队向潮州、汕头进军。在三河坝，前委召开军事会议，详细研究了敌我军事形势，并决定了主力到潮汕后的作战部署。

23 日

起义部队进驻潮州。

24 日

起义部队主力进占汕头并实行了第二次分兵。周逸群率第三师约 1000 人警卫潮汕地区，革委会各机关驻汕头；起义军参谋团随叶挺、贺龙两军主力向揭阳、丰顺进军。

26 日

傍晚，贺龙、叶挺等率领起义军第十一军第二十四师、第二十军第一师共约6500 人到达揭阳，敌王俊部于上午向山湖退却。起义军顺利进驻揭阳城。入城以后，贺龙、叶挺等部驻于学宫明伦堂，彭湃则驻考院前原商民协会办公处。当天周恩来、郭沫若从其他地方赶来，与贺、叶、彭等在彭湃住处楼上开军事会议，部署进军计划。

是日晚，周恩来、郭沫若乘专轮往汕头市。同时，由贺龙布置作战任务，彭湃同新成立的县工农革命委员会及各革命组织成员商讨后勤支援任务。

26 日至 27 日

贺龙、叶挺率主力约 6500 人进占揭阳。此时，敌钱大钧部 3000 人，在梅县方向牵制驻三河坝起义部队；黄绍竑部 2 个师 9000 人由丰顺、留隍窥伺潮州；陈济棠部 3 个师 1.5 万余人，经汤坑趋揭阳。

28 日

起义军主力部队向汤坑进军。在距汤坑 30 里之白石、汾水一带与 3 倍于我之敌遭遇。起义部队浴血奋战两昼夜，伤亡 2000 余人，于 30 日被迫撤退转移退至揭阳。

30 日

敌黄绍竑部 2 个师，分两路进犯潮州。周逸群率第二十军第三师第六团和教导团 1 个总队与敌激战数小时。部队因兵力对比悬殊，腹背受敌，被迫撤出潮州。

10 月

1 日

前委主动退出汕头，向海陆丰转移，2 日到达普宁县境内的流沙。

同日

驻三河坝的起义部队，遭敌钱大钧部袭击，与敌激战3个昼夜以后，于3日晚向潮、汕方向转移。

3日

起义主力部队陆续到达流沙。周恩来召集前委、革委、各军及地方党负责干部联席会议。会议根据中央指示的精神，决定起义部队立即撤向海陆丰；非武装人员由海口分赴香港或上海。午后，起义部队在乌石圩遭敌陈济棠的第十师和徐景唐的第十三师截击，遭受严重损失。

7日

由乌石圩突围的第十一军二十四师约1000人，在师长董朗等人率领下，经甲子港进入陆丰县，在碣石溪与当地农军会合。

同日

从三河坝撤出的起义部队，在饶平县茂芝与自潮汕撤退的起义部队约200人会合，才知主力已在潮汕失败。在饶平县茂芝全德学校主持召开干部会议时，朱德毅然决然说："我是共产党员，我有责任把'八一'南昌起义的革命种子保留下来，有决心担起革命重担，有信心把这支革命队伍带出敌人包围圈，和同志们团结一起，一直把革命干到底。"随后，这支部队在朱德率领下向闽粤赣边山区转移。

中旬

在朝面山和惠阳中洞一带，东江特委改编董朗所率部队，决定部队取消原来番号，改称为工农革命军第一大队。

下旬

根据中央南方局和中共广东省委决定，工农革命军第一大队改为工农革命军第二师第四团，董朗任团长，颜昌颐任党代表，团部下辖两营，张宝光任第一营营长，刘立道任第二营营长。师部设在中洞村百庆楼。

23 日

周恩来、叶挺、聂荣臻在陆丰金厢洲渚村海边乘船前往香港。

11 月

上旬

朱德率部抵湘、粤、赣三省交界赣南崇义县上堡、文英、古亭一带山区，对部队进行整训。

国民革命军第十六军军长范石生驻防广东韶关、湖南汝城一带，派韦伯萃（共产党员）来和朱德联系，希望合作。鉴于起义军物资和装备供应十分困难，朱德和陈毅、王尔琢商量，并经党组织讨论通过，决定同范石生合作。

12 月

上旬

朱德奉特委转告的中央指示率部兼程南下参加广州起义。从资兴南下抵达粤北仁化县境，和中共广东北江特委取得联系。被任命为北江特委委员。

18 日，广东省委致信东江特委，要求东江特委及所属各县委要扩充工农革命军第二师，组建第五团，“工农革命军第 2 师师长暂由董朗代理，第 4、5 团团长由东委决定”。根据这一指示，第二师正式组建第五团，第五团的士兵从海陆丰农军中挑选出来的积极分子共 500 多人，由刘立道任团长，彭桂任副团长，张寿徽为党代表。第五团下辖两个营，由高山子、于以振任营长。各连连长和营党代表由海丰县的党员干部担任。至此，工农革命军第二师正式成立。

19 日

朱德率部抵达韶关，与广州起义失败后撤出的 200 余人相遇，始知起义失败。随后把这 200 余人编入部队后，转移到韶关西北 30 里的犁铺头，进行休整和练兵。

1928 年

1 月

月初

朱德、陈毅率起义军脱离范石生部，经粤北到达湖南的宜章，与当地中共党组织一起领导、发动了著名的湘南起义。

4 月

24 日前后 朱德、陈毅率领南昌起义保留下来的部队和湘南起义农军与毛泽东领导的秋收起义部队胜利会师。

6 月

18 日 在八万圩附近，红二师与敌人展开激战，结果红二师损失较大，师长董朗亦受伤。

1929 年春

红二师的一小部分官兵已遣散完毕，留下的编入赤卫队。

二、起义军重要领导人在粤活动史迹

周恩来

1927年9月南昌起义军南下在长汀稍事休息期间，周恩来召开前敌委员会，对攻取东江的计划又进行一次详细的讨论。会上出现两种意见，周恩来和叶挺主张："以主力军由三河坝经松口取梅县，再经兴宁五华取惠州，以小部分军力（至多两团）趋潮汕。"另一种意见则主张"以主力取潮汕，留一部分兵力于三河监视梅县之敌，再经揭阳出兴宁、五华取惠州"。由于苏联顾问等坚持这个主张，一般军官在长期行军后渴望得到一个地方休息，也赞成这种主张，于是就决定采纳后一方案。

离开长汀以后，周恩来和彭湃带领一团人沿汀江先入上杭再继续前行进入广东境内。9月19日，起义军占领三河坝后，按照长汀会议的决定在这里实行了分兵：由朱德率第十一军二十五师等部留守三河坝，以监视在梅县的钱大钧部，掩护全军的侧背；由周恩来、贺龙、叶挺、刘伯承等率第二十军和第十一军二十四师直下潮汕。23日，起义军顺利进入潮安（潮州）。24日晨，汕头也被光复。起义军占领汕头后，立刻着手肃清反动分子，恢复社会秩序。25日，周恩来出席汕头市人民欢迎大会并发表讲话。26日，周恩来、叶挺、贺龙等率领起义军向揭阳集中，并在揭阳学宫召集部队汇报工作。

在此期间，敌人重兵也在潮汕周围秘密集结。由于敌我兵力悬殊，潮州和汕头相继失守。周恩来和前委机关在10月3日撤退至普宁县内的流沙，并在流沙召开一次决策性会议，参加会议成员包括了起义军领导成员周恩来、李立三、恽代英、彭湃、张国焘、谭平山、贺龙、叶挺、刘伯承、聂荣臻、郭沫若等二三十人。会上周恩来首先检讨了打败仗的原因，决定了善后的办法：武装人员尽可能收集整顿，向海陆丰撤退，准备在那里进行长期的武装斗争；非武装人员就地分散。

会议过程中，起义军发现村外山头上出现敌人，部队决定由流沙向西，经钟潭向海陆丰道上的云落前进。周恩来这时高烧到40度，由担架抬着，走在队伍的最后面。别人看他病成这个样子，劝他离开部队。周恩来坚决回答：“我的病不要紧，能支撑得住。我不能脱离部队，准备到海陆丰去，扯起苏维埃的旗帜来！你们快走吧！”

部队离开流沙后，遭到陈济棠主力第十一师伏击，周恩来和贺龙、叶挺指挥部队奋起还击。战士们已连续作战数昼夜，伤亡太大，加上新败，军心受到严重影响，又遭突然袭击，部队逐渐失去控制陷于混乱。周恩来在流沙时已病得很重，发着高烧，连稀粥都喝不下，常处于昏迷状态，有时神志不清，还在喊：“冲啊！冲啊！”部队被打散时，守在他身边的只剩下叶挺、聂荣臻等几个人。后在当地农民的帮助下，周恩来等找到了中共汕头市委书记杨石魂，在他的帮助下转移到离流沙不远的一个村子隐藏起来，然后再转到共产党员黄秀文家里。周恩来、叶挺等住在黄秀文家里半个月后在陆丰党组织帮助下乘船前往香港。

朱德

1927年9月，南昌起义军进入广东到达大埔以后，四处张贴《告革命同胞书》，朱德、恽代英等领导人也不断组织干部会议、军民大会，发表演说，向大埔民众宣传党的宗旨，揭露国民党反动派实行屠杀工农的暴行，号召民众组织起来开展武装革命，打倒土豪劣绅，惩罚贪官污吏，推翻国民党反动统治，实行土地革命，实现“耕者有其田”。大埔县党组织也响应党中央指示，积极协助南昌起义军南下入粤。

在三河坝，按照长汀会议的决定，朱德率领第十一军第二十五师和第九军教育团，共约 3000 人留守三河坝，以防敌军从梅县抄袭主力部队进军潮汕的后路。朱德仔细视察了三河坝的地形后，认为三河坝位于三江会合处，如果把军队留在河坝与敌人对战必将背水作战，正是兵家之大忌，于是决定把第二十五师转移到三河坝对岸东文部、笔枝尾山、龙虎坑、下村一带布防，并构筑工事。师指挥部设在龙虎坑东边高地。

10 月 1 日，国民党钱大钧、黄绍竑部 2 万余人由梅县松口进逼三河坝，向起义军发起进攻。朱德部 3000 余人在大埔农军、群众配合下，利用地形环境与敌人展开激战。钱大钧部用 20 余条小船在半夜趁黑开始偷渡。当木船行至江中时，早在滩头严阵以待的起义军按朱德“半渡而击”战术向敌船猛烈开火，钱大钧大部分船只被击沉，只剩下几条仓皇逃回对岸。次日，起义军再次痛击抢渡敌军，双方形成对峙态势，直到第三日，大雾锁江，钱大钧部利用浓雾的掩护，调集大部队分多路强渡韩江。夜幕降临时，起义军已陷入敌人的重兵包围之中，而且弹尽粮绝。此时，为了保存实力，朱德决定主动撤出战斗。在撤退过程中，起义军并没有盲目匆忙撤离，而是采取了“次第掩护，逐步撤退”的策略，留下第二十五师七十二团第三营作掩护，其余部队交替掩护。第 3 营在营长蔡晴川的指挥下，打退敌人无数次进攻，消灭大量敌人，但因寡不敌众，最后全营官兵壮烈牺牲。但是他们的牺牲是有价值的，他们为起义军大部队的撤退争取了时间和空间，从而能够在敌人优势兵力的追击下迅速转移战场，避免了全军覆灭的结局。

部队撤至梅州大埔东部百侯时，针对大埔一些地方干部情绪消极，要求随军转移的情况，朱德在地方干部大会上鼓励大家：“你们是当地的革命种子，不能随军离埔。今后，革命斗争虽然艰巨，只要同志们有决心、有信心，处处为人民谋利益，胜利一定是属于我们的。相信不久，我们又有相会的机会”。稳定了部分干部情绪后，朱德又在百侯杨氏小学召开的群众大会上再三勉励党员干部和广大群众组织起来，坚持斗争。朱德的讲话扫除了三河坝战役失利的阴霾，使大埔的干部群众认识到革命的艰巨性和斗争性，振作了众人的革命精神，帮助大家建立起革命必胜的坚定信念。起义军还送给大埔农军 200 余支枪和部分弹药，充实了大埔农军的武装力量，并且留下了黄让三、李井泉、李西亭、张华丁、李友桃、徐先兆等一批伤病员，他们都是起义军中的军政人才，后也成了大埔的重要武装骨干。

起义军撤出三河坝后，计划经百侯圩、饶平到潮汕与主力军会合。朱德部队抵达饶平以北的茂芝后，得知第十二军二十四师和第二十军已在潮汕失败的消息，许多人顿感心情沉重，思想混乱，一切只能由朱德独立负责。面对可能遭受全军覆没危险的严峻时刻，这支部队在茂芝的全德学校召开会议，参加会议的有朱德、周士第、陈毅等 20 多人。潮汕的失守让朱德逐渐认识到以占领大城市为目标的革命斗争策略难以获取成功。由于党领导的武装力量依然比较弱小，即使能够攻占城市，但城市之间的武装力量相对分散，难以形成合力，一旦面临敌人优势兵力的反扑，容易被敌人各个击破，难以固守战果而被迫撤出城市。因此，朱德在会议上作出了“隐藏北上、穿山西进、直奔湘南”的重要军事决策，从而为这支处于困境而陷入混乱的队伍指明了出路。

1928 年初，朱德率领南昌起义军余部转战来到韶关、仁化、乐昌坪石，发动和领导了粤北农民武装暴动和湘粤边界的宜章暴动。2 月上旬，朱德部队离开粤北，转战湘南，向井冈山地区转移，与毛泽东直接领导的工农革命军胜利会师，正式成立工农革命军第四军，开创了中国武装革命斗争的新局面。

叶挺

1927 年 9 月，南昌起义军抵达三河坝时还有 1 万人，其中叶挺部约 6000 人，贺龙部约 4500 人，其中战斗兵员约 6000 人。由于此时经济方面以及子弹、兵源等都十分紧张，急需补充解决，因此立即南下直取潮汕的呼声更急。由朱德率领军官教育团及十一军的二十五师等部留守三河坝，担任检视梅县方面的钱大钧部，掩护全军的侧背，其余十一军二十四师及二十军各师在周恩来、叶挺、贺龙等率领下长驱直下，奔向潮汕。

9 月 23 日，起义部队占领潮州，24 日再进入汕头。当时出版的报纸报道叶贺部队进抵汕头的情景说：“24 日午后起，叶军之先锋殆无抵抗而出现与汕头市，与市内农民工人呼应，先破公安局监狱，释放囚人”，“25 日早 5 时 20 分，叶挺本人入市”。其后，汕头数万群众举行大会热烈欢迎起义军。周恩来、叶挺、贺龙等起义领导人参加了大会，并在会上讲话。当部队抵进潮州时，发觉敌人黄绍竑部第 7 团已经由江西直入广东平远县，对部队构成威胁。在这种情况下，起义军领导人才意识到部队占领潮汕后，应该立即回师进攻这一股敌军。但部队进抵潮汕后，又因为筹款等原因延误了几天，才能集中兵力开往揭阳。

9月26—27日，起义部队十一军二十四师、二十军第一师在叶挺、贺龙等率领下，会合了彭湃领导的农民自卫军，相继进入揭阳城，揭阳守敌逃走。叶、贺的指挥部设在揭阳城学宫明伦堂。叶挺随即召开二十四师连以上干部会议，向干部们讲解部队进入广东以来的军事形势以及当前所处严峻局势。要求大家一定要继续发扬会昌战斗中奋勇歼敌的革命精神，把敌人打败。这期间，周恩来、郭沫若等从汕头赶来揭阳，与叶挺、贺龙、彭湃等人一起召开了一次军事会议，研究部署了进军计划。

9月28日，起义军总指挥部在揭阳接到情报，据说敌人徐景堂、王俊两个师，已经集合于丰顺汤坑一带地方，准备向揭阳进攻，企图攻击我起义部队。但对敌军的兵力部署和意图等详细情况却不太清楚，特别是对敌军力量的强弱估计不足。总指挥部经过讨论研究，主观认为敌人兵力不多，决定迅速消灭这股敌人，于是下令将驻揭阳两个师的兵力及农民自卫军全部出击，向汤坑方向前进。下午1时左右，当部队行进至距离汤坑30里的山湖附近时，便与敌人王俊部遭遇。双方激战一个小时，起义部队将这一股敌军击溃，敌人向汤坑方向退却，叶贺指挥部移动至潭岭山地方。经过几个昼夜的战斗，由于敌人占领了有利地势，兵力方面又占了明显的优势，在此情况下，总指挥部于是下令撤退，除了留下少量部队留在阵地掩护外，其余撤离战场，转向揭阳。部队在叶贺率领下从阵地到揭阳后，与前委和革命委员会领导人一时失去了联系。10月3日，叶贺部向海陆丰方向转移过程中，在普宁流沙镇与从汕头撤退到这里的前委和革命委员会领导人会合。

当天，前委在流沙召开会议。叶挺在会上发表了意见:“先以他平素就带有几分兴奋的语调，开始谈起，但说得很简单:‘我们在有得一团人，便什么都不成问题的啦。到了今天，只好当流寇，还有什么好说！’”下午，流沙会议尚未结束时，起义部队第二十军一、二师却已经开动，向海陆丰前进。二十四师随后前进。但当一、二师通过了离流沙三四公里的乌石地方时，就遭到了敌军陈济棠十一师和徐景堂第十三师的截击，结果第一、二师与二十四师被分割成两半。当时，叶挺、聂荣臻由于护卫着正在发高烧的周恩来，结果也被冲散了，与部队失去了联系。他们在当地农民的帮助下，找到了中共汕头市委书记杨石魂，并在他的帮助下转移到离流沙不远的一个村子隐藏起来，然后再转到共产党员黄秀文家里，后在陆丰党组织帮助下乘船前往香港。临行前，叶挺特意将身上一支自卫小手枪和一副望远镜解下来，赠送给黄秀文，并勉励他要好好工作，坚持斗争，革命胜利一定属于人民的。

贺龙

1927 年 9 月 12 日，南昌起义军离开上杭，后经闽西永定于 18 日攻占广东大埔县城。在大埔起义军得知广东方面敌军向河源聚集，梅县方面有钱大钧残部约 3000 人，潮汕方面有王俊部四团向三河坝转移。于次日占领三河坝后，贺龙与周恩来、叶挺、刘伯承等召开军事会议，决定一方面催促尚在上杭途中的第二十五师迅速到三河坝防制梅县方面钱大钧残部，探查平远方面黄绍竑军，并做向兴宁方面进军的准备，一方面将起义军已到部队迎敌攻击，在迅速攻下潮州后，不停留地开向揭阳、汤坑，攻击由河源过来的敌人。

9 月 23 日，起义军占领潮州，次日，周逸群率领第三师占领汕头后，贺龙立刻随革命委员会和参谋团移驻汕头。在潮汕期间，由贺龙以第二方面军总指挥名义发布安民告示，成立市政府，由赖先声担任市政委员长；成立东江工农讨逆军总指挥部，以彭湃为总指挥；市内各处遍贴“实行土地革命，耕者有其田”的标语；开始没收 50 亩以上地主的土地，捉拿土豪劣绅；又派出宣传员到各地宣传，把枪支发给当地农民武装。

9 月 26 日，起义军留下周逸群率领第三师警备潮汕，贺龙与叶挺等率领主力 6500 余人向揭阳出发，傍晚抵达揭阳榕城，贺龙与叶挺等驻于学宫明伦堂。后来由于得到错误情报，说汤坑方向有敌军 1000 多人企图向揭阳进攻，贺龙与叶挺决计全力消灭这支部队。9 月 28 日凌晨，贺龙与叶挺率领部队向汤坑进发，午后进至揭阳山湖地区的浮山村，被敌人王俊部阻击，经过勇猛厮杀，迫使敌军退至汾水村。起义军占领了潭岭山及附近几个小山丘。战后从俘虏口中得知新编第二师及第十三师正由汤坑经留隍向潮州前进。于是命令周逸群指挥潮汕部队死守潮州，并调回帮普宁农民斗争的七十团一营到潮州听指挥。另外，又命令三河坝的第二十五师沿着梅江袭击敌人左侧背，主力军计划迅速击破当面之敌后，再由留隍追击以援潮州。29 日上午，贺龙与叶挺等率领部队开始向汾水村攻击前进，在汾水村及其周围的竹竿岭、老鼠山、高山瞭望岭、高山四岭排等地和敌人展开了一整天激战，也未能将敌人击败，起义军却损失一半。直到晚上才弄清楚集结在这里的敌人竟有 1.5

万余人，是我军的3倍，为了保存实力，贺龙与叶挺决定撤出战斗，由小路往潮州退去。但因为行动缓慢，撤至潮安县玉窖时，被攻陷潮州的敌军拦截，贺龙、叶挺等只能率领部队折返，经过炮台、关埠、贵屿，向流沙退却。

10月3日，贺龙与叶挺率部撤至流沙，与潮汕退出的部分队伍及革命委员会等会合，并在流沙基督教堂出席起义军领导人会议。周恩来在会上作了汾水战役失败的原因分析及教训总结，并根据张太雷传达的中央命令，研究善后办法，决定：武装人员尽可能收集整顿，转移到海陆丰，起义部队的一些负责人，赴香港待命。贺龙表示：“我心不甘，我要干到底。就让我回到湘西，我要卷土重来。”会议之前，部分起义军已先行向海陆丰方向进发。会后，贺龙、周恩来、叶挺等率领总指挥部及第十一军第二十四师撤离流沙，向海陆丰方向前进。行至莲花山时遭到原驻在乌石的陈济棠第一师和徐景堂第十三师的袭击，部队被冲散，贺龙与谭平山、廖乾五等辗转乘船到达香港。

彭湃

1927年南昌起义后，在江西省政府西花厅召开了包括国共合作时期的国民党中央委员、各省市及海外党部代表参加的联席会议。彭湃以广东省党部代表身份参加了联席会议，并被推选为革命委员会委员、农工运动委员会委员。随后起义部队南下过长汀后，彭湃跟随前锋部队行军，在9月12日和周恩来一起第一批进入上杭城。在此期间，彭湃和农工运动委员会召开了群众大会，惩处了一批土豪劣绅。接着彭湃跟随朱德率领的部队向广东进军。进入大埔县后，改乘木船沿汀江顺水直下三河坝，起义军兵分二路，熟悉潮汕情况的彭湃，改随起义部队主力行动。

彭湃回到潮汕后，充分利用自己熟悉情况的有利条件，努力开展工作，主动承担繁重任务。部队到达丰顺时，闻说潮汕铁路工人为了阻止国民党反动派部队从汕头开到潮梅，特意将铁路破坏了。这样起义军南下也将受阻，全军上下都为此而担忧。部队于9月23日进入潮州后，彭湃立即通过当地农民协会，动员会员帮助铁路工人，仅用了一夜时间，就把铁路抢修完好。第二天部队就乘火车到达汕头。

彭湃带领起义军的先头部队进驻汕头，立即成立了东江工农自卫军，彭湃亲自担任总指挥，中共汕头市委书记杨石魂任副总指挥，统一指挥潮汕地区的人民武装，并领导群众运动，维护革命秩序。在汕期间，彭湃和周恩来、贺龙、叶挺等一起出席了起义军在汕头召开的有数万工农参加的群众大会，周恩来和彭湃先后在会上发表了讲话。彭湃在讲话中阐述了南昌起义的伟大意义，揭露了蒋介石和汪精卫的反革命罪行，号召潮汕人民团结起来，争取新的胜利。按照前委决定，起义军进行第二次分兵，留下周逸群部警备潮汕，其余部队由贺龙、叶挺率领继续西进，拟经揭阳、丰顺，准备夺取惠州。彭湃率东江工农自卫军总指挥部 38 人随行，担任建立地方政权和负责后勤、联络等项工作。部队进入揭阳县城后，在彭湃领导下，打开监狱，放出被关押的革命同志，并发动群众，成立了揭阳县工农革命委员会。

9 月 27 日，起义军指挥部得到敌军正在汤坑至山湖一线集结的情报，立即召开军事会议，彭湃和贺龙、叶挺等都出席，会议决定起义军以全力进击汤坑、山湖。翌日清晨，起义军主力部队出发，在彭湃和揭阳县工农革命委员会的动员组织下，成千的工人、农民为起义军运送粮食、弹药，奔赴战场协助后勤和警戒的农会会员及赤卫队员达到 2000 多人。

战斗中，彭湃始终同贺龙、叶挺一起在前线指挥作战。当起义军撤离战场后，彭湃留下来处理善后工作。后又急忙赶上后撤的起义军，与贺龙一起行军。在撤退途中，起义军的一些官兵对战斗失利感到失望，情绪消沉，彭湃及时进行思想教育工作，鼓舞士气说："根据刚接到的报告，海陆丰三十万农民已起来响应我们。"

退回揭阳县城后，领导干部在讨论部队的下一步行动时，彭湃主张迅速向海陆丰转移，叶挺主张退往潮汕，与前委、革委机关及其他部队会合，讨论后，采纳了叶挺的意见，部队在转移途中，传来了潮汕失守的消息，便又向海陆丰转移。

10 月 3 日，周恩来在流沙召开了最后决策会议。会上彭湃也作了发言，强调了进行土地革命、分田地的重要性，还提出今后不要再用国民党的旗帜来作号召，应改用红旗，而且从现在开始马上实行。会议还在进行中，就得悉敌军准备袭击消息，会议只能中断。起义部队向海陆丰方向行进，离开流沙 3 公里，到了莲花山时，遇到敌军截击，部队伤亡很大。起义军领导人分散突围，彭湃和李立三、恽代英等一起到达陆丰县。10 月 7 日，他们从陆丰的湖东乘船转赴香港。

三、参加南昌起义部分粤籍将士名录

（以姓氏笔画为序）

王国龙（？—1927），广东人，参加南昌起义时任排长，随军南下在会昌战斗中牺牲。

王统昌（？—1927），广东人，参加南昌起义时任排长，随军南下在会昌战斗中牺牲。

卢克文（1900—1977），广东广州人，曾在第三届广州农民运动讲习所学习，1925 年加入中国共产党，后担任过广东省农会北江办事处秘书、北江农军第二大队指导员。1927 年随北江农军撤往武汉，又经九江于 7 月 30 日抵达南昌，编入叶挺第二十四师教导团，任连指导员。起义军在撤出南昌时，原农军编入贺龙第二十军教导团第三营，任营指导员及团党委委员。11 月，任北江特委委员。后与党组织失去联系，以教书为业。抗战时期与党组织恢复联系，任东三支第三团连长。新中国成立后，曾任广州市花县副县长等职。

叶辅平（1902—1939），广东惠阳人。1925 年 11 月参加叶挺任团长的独立团的组建工作，任团军需主任。1926 年随叶挺独立团北伐先遣队，参加北伐战争。1927 年参加南昌起义，任国民革命军第十一军军需处处长。随起义军抵达潮汕后，在乌石阻击时被冲散，得当地农民资助辗转到香港，受命收容第十一军人员。后因港英当局通缉暂避澳门。1928 年春从澳门返回家乡，继续投身革命。6 月，加入中国共产党。后出任国民革命军第三军第七师第十九团军需主任、第一五七师司令部会计科科长。1938 年 1 月，担任新四军司令部上校军需处处长。1939 年 8 月，奉命回广东，赴香港处理慰劳物品和军需物资，返回途中于广西南宁八塘附近发生车祸罹难。

朱云卿（1903—1931），广东嘉应人，黄埔军校第三期毕业。1925 年，加入中国共产党，参加过东征，1926 年，奉命到广东北江从事农民运动，曾任韶关北江农军学校主任。1927 年 4 月，广东北江农军北上总指挥部成立，任参谋长。后率农军学校第二期学员以及南雄农民自卫军，与农军大队会师，6 月到达武汉。根据中共中央指示，以东征讨蒋名义开赴九江，乘火车到南昌，参加南昌起义。9 月，朱云卿参加秋收起义，并随起义部队上了井冈山，参与创建井冈山革命根据地的斗争和历次反“进剿”、反“会剿”作战，指挥过黄洋界保卫战。任红四军参谋长、红一军团参谋长、红一方面军参谋长等职，参加赣南闽西革命根据地、中央革命根据地的创建与斗争，参加中央苏区的第一、第二次反“围剿”。1931 年 5 月在江西吉安东固红军后方医院逝世。

许甦魂（1896—1932），广东潮安人，1924 年加入中国共产党。1927 年 7 月下旬赶到南昌，任革命委员会秘书厅秘书、农工委员会委员，参加南昌起义的准备工作。他和吴玉章一起参加起草宣言、布告、政纲、标语等工作。之后，随军南下，参加接收潮汕敌方机关工作。起义失利后，由汕头乘船转香港，受中共党组织委托，主办《香港小报》，继续革命斗争。1929 年 8 月，被派到广西张云逸领导的教导总队当政治教官，后参加了百色起义，曾担任红七军政治部主任、红三军团军政治部主任等职。1931 年在中央苏区牺牲。

严凤仪（1896—1931），广东乐会（今属海南）人，1921 年考进云南陆军讲武堂。1923 年加入中国共产党。1924 年考入黄埔军校，参加东征。四一二反革命政变后，被派往武汉，任警卫团团长，后往江西组织革命武装。参加南昌起义后随军南下广东，作战失利后辗转到香港找到中共广东省委，继续从事革命活动，任琼崖红军中路总指挥。后潜渡往南洋槟榔屿，和其他革命同志创办“爱民学校”，1930 年回国任中国工农红军第十一军参谋长。后因中共广东省委各机关先后被敌人破坏，被捕杀害。

杜国庠（1889—1961），广东澄海人。1927 年 9 月下旬，南昌起义军进驻潮汕，杜国庠闻迅。赶到汕头与周恩来等相会，周恩来要他出任潮阳县县长。正当准备前往赴任时，形势突变，潮汕政权仅存七日，匆忙中随军撤退。流沙失利后与部队失去联系，后设法去香港。新中国成立后，曾任中南军政委员会委员、广东省人民政府兼文教厅厅长、全国政协委员等职。

李业（1904—1932），广东英德人，1926 年参加革命，在家乡从事农民运动。1927 年四一二反革命政变后，被迫撤离县城，参加农军，在王蔚垣带领下北撤到了湖南林合，于 6 月 15 日到达武汉，7 月转到南昌参加起义。在革命低潮时，回到英德进行活动。1929 年加入中国共产党。后任文光乡党支部书记、武装中队政治指导员。1931 年先后参加鸡麻湖暴动，参与组织领导 7 月 15 日鱼湾暴动，成立鱼湾苏维埃政府，并任第一工农赤卫大队党代表。后被围攻，冲出重围转入山区坚持斗争。1932 年 3 月，他潜回家中，被反动民团发现后将其逮捕，在与敌人搏斗中牺牲。

李光中（1898—1930），广东乐昌人，1926 年，随北伐军到武汉，在第二十四师叶挺部工作。1927 年，加入中国共产党，任连党代表。7 月随部队到达九江，参加南昌起义。起义军在潮汕失利后回到乐昌，参加湘南起义。坪石战斗胜利后，任工农革命军乐昌独立营党代表，后又任中共乐昌县委书记。1930 年 4 月，前往香港找上级党组织汇报工作。由香港回乐昌时，在县城东头街被国民党警卫队发现，将其逮捕入狱，不久被杀害。

李任予（1903—1932），广东新丰人，南昌起义时任第二十四师第七十团指导员。起义军失利与部队失散时，与朱其华相遇，在一起的还有吴明、秦光远等，在山上躲了两小时，他们 7 人决定到汕头去。后一起乘船逃离险境。1929 年 10 月参加古田会议，担任过红二十一军政委、闽西军委主席、闽西革委会主任等职。1932 年后到上海、华北从事党的地下工作，后被捕牺牲。

李甫（生卒年不详），广东人。大革命时期曾参加广州工团军、后任中共北江地委委员。南昌起义时先编入第二十军炮兵营，起义爆发后改属教导团、第六团，随起义部队南下过程中任工团军大队长。到潮汕后，在汕头整编，工农军改为第二支队，由杨石魂通知任支队长，全支队共有四五百人。起义军失利后撤至流沙，后被敌人冲散，在陆丰城，被当地反动驻军缴去武装。后转到香港九龙船坞从事地下工作。新中国成立后在广州市劳动局劳保科工作。

李国珍（1902—1931），广东海丰人，海陆丰地区中共早期组织主要领导人之一。1927 年 4 月，参与领导海陆丰农民武装起义，后到武汉向中共中央汇报工作。随即转往江西参加南昌起义，任革命委员会政治保卫处科长。后随军南下至潮安，任潮安县公安局局长。几天后，在与敌人激战中腿部负伤，与部队失去联系，在当地群众掩护、帮助下，经厦门到上海，后又转日本治疗。1928 年 2 月回国，后曾任中共福建省委常委兼宣传部部长等职。1932 年在厦门被捕就义。

李明光（1906—1933），广东大埔人，1926 年加入中国共产党，参加北伐。1927 年回到家乡坚持斗争，建立农民武装——农民自卫军。9 月初，周恩来领导的南昌起义部队南下广东。奉命带领农民自卫军一部，前往福建西南端的峰市迎接。18 日，起义军进入广东大埔县后，李明光带领自卫军，配合起义军一举攻占了大埔县城，建立了工农革命政权。大埔县委根据周恩来关于要认真发动和组织群众、开展武装斗争的指示，以自卫军为骨干，扩充成立工农革命军东路第 15 团，李明光为营长。9 月下旬起义军主力向潮汕进军，朱德率第九军和第二十五师留守三河坝，牵制和阻击敌人。李明光带领农军 300 余人配合作战，打退敌人 3 个师又 1 个团一次次集团冲锋，胜利完成了阻击任务。后任第十五团团长、东江红军第四十六团团长、红四十八团政治委员、福建省委宣传部长兼福建省军区政治部主任、连城县委书记。1933 年 2 月 8 日，李明光带领主力留城作战时牺牲。

李春铧（1905—2004），广东潮州人，1925 年加入中国共产党，参加过上海工人三次武装起义。南昌起义时任第十一军第十师第一营第一连指导员。后随军南下途中，8 月 4 日在进贤四人一组被蔡廷锴遣散，这一组的另外三个人是王平凡、胡达志、林木生。后与王平凡一起再次南行追赶上了起义部队，被安排在贺龙部任连指导员兼副连长。在汕头为掩护大部队撤退受了伤，回家之后又到上海从事教育和写作工作。新中国成立后在西南师范大学任教。

杨石魂（1902—1929），广东普宁人，大革命时期曾入第二届广州农民运动讲习所学习。1925年第二次东征时，曾任中共汕头地委委员，领导工农运动。1927年4月参与组织东江自卫军，任副总指挥，后任中共汕头市委书记。南昌起义军南下进占潮州时，率东江工农革命军进入汕头策应，打开监狱，释放被捕革命者和群众。起义军进入汕头后，协助周恩来、彭湃等建立革命政权。参加过流沙会议。10月28日护送周恩来、叶挺、聂荣臻等到香港。1928年任中共广东南路特委书记、北江特委书记等职。1929年春被派往武汉，参与重建中共湖北省委工作，5月初被捕后牺牲。

杨逸棠（1902—1982），广东嘉应人，1926年任北伐军总政治部编纂股股长，次年参加南昌起义。1930年参与创建中国国民党临时行动委员会，任中央干事。后任广东南华学院教授，香港达德学院总务主任，1949年出席中国人民政治协商会议第一届全体会议。新中国成立后，曾任交通部办公厅副主任、参事室参事，农工党中央执行局委员，民盟中央常委。著有《太平天国之研究》《邓演达传》等。

沈仁政（1908—1927），广东乐昌人，曾任乐昌第四区坎下乡农民协会主席，被选派到韶关参加北江农军学校举办的第一期农军骨干培训班学习。大革命失败后，随同北江农军自卫军北上，随后参加了南昌起义。8月20日在会昌河边的战斗中壮烈牺牲。

沈寿桢（生卒年不详），广东人。1927年8月1日上午，作为广东代表参加江西省政府西华厅联席会议，被任命为革命委员会财政委员会委员，暂行代理江西省财政厅厅长。

宋华（1902—1929），广东佛冈人，1924年在第二届广州农民运动讲习所的学习，其间加入中国共产党，毕业后赴北江地区指导农民运动。1927年6月，赴武汉整训后转江西参加南昌起义，在贺龙领导的第二十军第三师任连指导员。后随起义军南下广东，起义部队在潮汕失利后返回北江。11月，奉命赴清远组织暴动，配合广州起义。清远工农革命独立团成立，出任参谋长，率部于12月3日一举攻下清远县城，占领伪县府。随即回惠，参加广州起义，协助教导团进攻广州市伪公安局。1929年1月，由于叛徒告密而被捕，牺牲于广州东校场。

张士生（1904—1931），广东大埔人，1926年加入中国共产党，组织成立陶瓷总工会、桃源工农自卫队。1927年8月南昌起义部队南下东江，中共大埔县委成立暴动委员会，任委员，当月举行暴动并取得胜利。曾参加三河坝战斗。1928年元旦率桃源工农革命军参加高陂年关暴动。后任中共大埔县委书记。1929年春，调至中共东江特委，负责宣传委员会工作，参与《党的生活》《东江红旗》《工农兵半月刊》等刊物的编辑出版工作。不久，又调任中共广东省委巡视员，到西江一带指导工农运动。1931年春，因省委机关遭到破坏在香港被捕，后被引渡回广州，关押在南石头监狱，不久被秘密杀害。

张炎（1902—1945），广东吴川人，又名巨炎，参加了北伐，北伐胜利后任国民革命军第十一军第十师第二十九团营长。后参加南昌起义。起义部队奉命南下广东，抵达进贤时，跟随师长蔡廷锴脱离起义队伍，入福建河口转福州。后任国民党第十九路军第六十一师副师长兼第一二二旅旅长，代行师长职务。后参加淞沪抗战，升为第七十九师师长，参加1933年蒋光鼐、蔡廷锴等人在福建成立的"中华共和国人民革命政府"，后出国。七七事变后，任国民党中央军委会中将参议。1941年1月兼任广东第七区游击司令。因积极抗日，被蒋介石杀害。1958年6月8日，中华人民共和国中央人民政府追认张炎为革命烈士。

张恨秋（1905—1935），广东大埔人。1927年9月为策应南昌起义军，带领城区和岩上赤卫队、铁血团参加大埔县城暴动，攻打岩上反动民团，迎接南昌起义军入大埔。后随南昌起义军南下潮汕。10月上旬起义军在潮汕和大埔三河坝战役中失利后返大埔。1929年8月任红四军前敌委员会秘书长、政治部主任，后任红四军第二纵队党代表兼纵委书记。后调上海中共中央机关工作。1933年中共临时中央迁到苏区后，继续留在中共中央上海执行局工作。后任上海某区区委书记。1935年牺牲于上海。

陈芝馨（？—1938），广东罗定人，参加南昌起义时任第十师第二十八团团长，随军南下到进贤时策划蔡廷锴率部脱离。抗战时积极抗日，是著名抗日将领，1938年11月6日因沉船牺牲。

林一元（1906—1988），广东罗定人。1926年参加北伐，任国民革命军第四军团政治指导员。

1927 年参加南昌起义，任第十一军政治部总务科科长。此后任国民党政府第十九路军第七十八师驻粤办事处主任、第二军政治部主任、第一七六师政治部主任、安徽太湖县县长等职。1946 年参加中国国民党民主促进会。1948 年参加中国国民党革命委员会。新中国成立后，曾任广东省人民政府参事，民革中央广东省委副主任委员、全国政协委员等职。

林昌树（？—1927），广东英德人，原北江农军战士，南昌起义时在第二十军第三师第六团第三营。起义军南下途中，在长汀的一场战斗中牺牲。

林善安（？—1927），广东清远人，曾是清远农军模范连连长。南昌起义时，随同赖德林等编入第二十军第三师第六团，会昌战斗中牺牲。

欧日章（1892—1929），广东曲江人，1925 年加入中国共产党。1927 年 4 月下旬任广东北江工农自卫军北上总指挥部参谋，7 月率部分曲江农军跟随总部到南昌，编入叶挺教导团第一营，任营长。南昌起义军南下后，先后参加广昌、会昌等战斗。1927 年 12 月，他带领西水农军 100 多人在朱德部队的支援下，举行西水暴动，成为粤北农民暴动先导。曾任广东省委委员并兼曲江县委常委，按党的指示坚持打游击，在被敌围困的情况下，饮弹殉难。

卓庆坚（1902—1927），广东大埔人，中山大学学生，曾任中共北江特委领导人。率广东北江农军参加南昌起义，后编入第二十军第三师第六团，任第三营政治指导员。随军南下在会昌战斗中牺牲。

周廷恩（1900—1928），广东乐会（今属海南）人，大革命时期为第二届广州农民运动讲习所学员，后调入大元帅府铁甲车队。1925 年加入中国共产党。北伐时任第四军独立团第一营书记，第七十三团军需主任。参加南昌起义时任第二十五师师部军需主任。潮汕失利以后，奉党指派去海南岛工作。1928 年在海口被捕后牺牲。

周其鉴（1893—1928），广东广宁人，1921 年加入中国共产党，后曾任中共广东省委委员，领导北江农民进行武装斗争。1927 年，率广东农军北上武汉，后转江西，参加南昌起义，配合第二十军教导团歼灭敌第三军第二十四团。随军南下，战壬田，攻会昌，绕道福建，转入广东潮汕地区。潮汕失利后，带领工农军百余人冲出重围。经陆丰甲子港乘船到香港，后来秘密回到广州，参加广州起义。1928 年初在清远被捕，于 2 月 1 日牺牲。著有《北江农军远征述评》(1927 年)。

贺遵道 (1900—1931)，广东人，1926 年 7 月，任中共汕头地委秘书。1927 年南昌起义部队南下广东时，前往大埔县迎接起义军入粤。指挥东江工农武装密切配合起义军，在大埔三河坝与敌军展开了激战。贺遵道与起义军一起顽强战斗，坚守阵地，与敌血战三昼夜，打退敌人一次次进攻，并组织当地群众、农军为起义军送茶、送饭、抬伤员。起义军撤离三河坝时，组织大埔的工农武装及学生为起义军带路，做好伤员安置工作。三河坝战斗失败后，将参加三河坝战斗的全部人员转移到丰顺、饶平、潮安、大埔交界的凤凰山一带隐蔽，以避敌军“清剿”，保存工农武装实力。此后担任中共大埔县委书记、东江特委常委兼宣传部长、顺德中心县委书记。1931 年 1 月，因叛徒泄密，与顺德中心县委全体成员被捕，牺牲于广州。

秦元邦 (1899—1991)，广东嘉应人，1927 年参加北伐，任国民革命军第十师第二十九团政治指导员。同年参加南昌起义，起义失利后到香港，贫病交加中巧遇同乡叶剑英，得到帮助，治好伤病后返回家乡。1929 年留学日本。后任翁源县县长，中山大学、东吴大学教授，广州文化大学教授、校长。1946 年春协助蔡廷锴成立中国国民党民主促进会。1948 年中国国民党革命委员会成立时当选为第一届中央委员。新中国成立以后，曾任广东省政府副秘书长兼文教办公室主任，民革中央委员、广东省委副主任委员、中央监察委员会常委。

徐名鸿 (1897—1934)，广东丰顺人。1927 年，加入中国共产党。四一二反革命政变后，任第十一军政治部主任，7 月 25 日随廖乾五、叶挺从九江出发参加南昌起义。南下广东期间于 9 月下旬任汕头海关秘书长，为部队筹集军费。起义军失利后，与党组织失去联系。后任第十九路军总部秘书长。1932 年淞沪抗战爆发后，兼任《抗日战争》等刊物编辑。1933 年 10 月 16 日，以福建省政府和第十九路军的全权代表身份赴瑞金与红军和谈。福建事变爆发后，任“中华共和国人民革命政府”军事委员会副主任、汀漳省代省长。后因叛徒出卖，被国民党军警逮捕入狱被害。

1935 年 8 月 1 日中国共产党中央委员会发表的《为抗日救国告全国同胞书》中，称誉他是“为救国而捐躯的民族英雄”。

唐振（？—1927），广东曲江人，1927 年，随广东农军参加南昌起义，后任第二十军第三师第六团第三营营长，随军南下途中在会昌战斗中牺牲。

唐震（1904—1928），广东兴宁人，1924 年考入黄埔一期，同年秋，加入中国共产党。参加了北伐，任国民革命军第六军第二十一师政治部主任，1927 年四一二反革命政变以后，化装为商人，乘船赴武汉参加倒蒋斗争。先在叶挺部第二十四师，后于 7 月 27 日率部赶赴江西，参加南昌起义，任上校团长兼党代表。8 月 3 日，随军撤离南昌向广东进发，转战江西会昌、广东潮州、汕头进入流沙，与彭湃部队会师。后奉命赴香港，从事秘书工作，12 月 11 日参加广州起义。起义失败以后由于叛徒告密，被薛岳扣留，羁押广州公安局，后送南石头监狱。1928 年 6 月被杀害于广州黄花岗。

黄桓泰（1885—1927），广东梅县人，1926 年考进黄埔军校三期学习。曾参加北伐战争、南昌起义。从广东肇庆赴江西九江途中曾寄家信回家，告知他已编入新编第十一军叶挺部任第七十七团任参谋兼副团长。后在潮汕地区的战斗中牺牲。

符节（1899—1928），广东文昌（今属海南）人，1925 年入黄埔军校三期学习，同年底加入中国共产党。1926 年参加北伐，历任国民革命军教导员、营长、团长。1927 年，参加南昌起义，随起义军南下广东。同年 12 月参加广州起义。后被党组织派回琼崖负责领导武装工作。1928 年 2 月，任琼崖工农红军政治部主任。由于叛徒出卖被捕，在澄迈县金江镇从容就义。

符克振（1903—1930），广东文昌（今属海南）人，黄埔军校第五期毕业。北伐时在叶挺独立团任副团长，贺胜桥战斗中曾负伤。1927 年任国民革命军第二十五师第七十三团第一营营长。参加南昌起义后任起义军第二十五师经理处处长。潮汕失利以后被派去广西工作，后在百色起义战斗中牺牲。

彭泽民（1877—1956），广东四会人，早年参加同盟会，1926 年任中国国民党中央执行委员、海外部部长。1927 年 7 月 29 日到南昌，与刘伯承同住一处。参加南昌起义，被任命为革命委员会委员、党务委员会委员。随军南下，参加流沙会议，起义军失利后，在彭湃的帮助下，取道陆丰到汕尾，乘渔船到达香港。曾参与组织中国国民党临时行动委员会，任中国民主同盟南方总支部副主委、农工民主党中央监察委员会主席。新中国成立后，曾任政务院政法委员会副主任、全国侨联副主席、全国人大常委会委员、农工民主党中央副主席等职。

温志芳（？—1927），广东英德人，原为北江农军战士，南昌起义时在第二十军第三师第六团第三营。1927 年 10 月，在战斗中牺牲。

谢卓元（1905—1935 年），广东大埔人，1926 年加入中国共产党，1927 年任大埔县委委员、暴动委员会委员。参加三河坝战斗，帮起义军运送弹药、伤员。后任东江特委成员，1934 年被选为中共闽粤边区委员。次年肃反时被错杀。新中国成立后被追认为烈士。

蓝衍臣（？—1927），广东英德人，曾为北江农军战士，南昌起义时在第二十军第三师第六团第三营。在 8 月 1 日的南昌起义战斗中牺牲。

赖先声（1899—1975），广东大埔人，1927 年南昌起义时任中共广东省委秘书长，奉命先期到汕，做接应准备工作。起义部队进占汕头后，任汕头市市长。失利以后到香港，同年参加广州起义，任中共广州市委宣传部负责人，组织领导了起义中的宣传工作。后赴法留学。新中国成立后在广东省参事室和文史馆工作。

赖松柏（1901—1928），广东清远人，1925 年入第三届广州农民运动讲习所学习，加入了中国共产党。1927 年四一二反革命政变后随清远农军开赴江西南昌，作为预备队参加南昌起义。南昌起义打响后，带领清远农军被编入叶挺部第十一军第二十四师教导团，任中队长，第二天改编为第二十军第三师第六团，先任连指导员，后任中队长。起义军撤离南昌后，随军作战，先后参加会昌、上杭、闽南等战斗，此后又转战三河坝、汕头、海丰等地。曾任中共广东省委委员，组织清远工农革命军独立团，任团长，发起清远农军暴动，打响攻打县城的枪声，迫使国民党县长交印投降。后被捕牺牲。

赖德林（1909—1945），广东清远人，曾任清远县农民自卫军小队长。1927 年参加南昌起义，在会昌城外八里路山头攻击战中首先冲上山头，缴获敌人机枪，与战友全俘守敌一个排。在瑞金部队祝捷大会上参加中国共产党。后参加广州起义，起义失败后回清远参加赖松柏率领的游击队。1944 年 6 月，在县委领导下，组织了一支二三十人枪的抗日游击队，并与英德抗日独立小队会合，通过做莫雄的统战工作，取得了国民党第二挺进纵队第三大队第九中队的番号，并任中队长。1945 年 5 月，在一次袭击清远县城日军的作战不幸身负重伤牺牲。

慕成（？—1927），广东人，参加南昌起义时任排长，随军南下在三河坝战斗中牺牲。

蔡廷锴（1892—1968），广东罗定人，北伐时期任国民革命军第四军第十师第二十八团团长，先后参加平江、汀泗桥、贺胜桥、武昌攻城等战斗。1927 年 7 月，率部到江西，经贺龙、叶挺等动员，参加南昌起义，任革命委员会参谋团成员、第十一军副军长兼第十师师长。8 月 3 日率部南下，途经进贤李家渡时，率部脱逃。后曾参加过淞沪对日作战，发动过反蒋抗日的福建事变。新中国成立后，曾任全国政协副主席、国家体委副主任、民革中央副主席等职。

谭天度（1893—1999），广东高明人，1922 年加入中国共产党。1927 年参加南昌起义，被安排在革命委员会政治部保卫处任秘书。后随起义部队南下广东。9 月中旬，进入广东大埔三河坝，后随周恩来等进入汕头。10 月初，起义失败后，按照周恩来关于非武装人员要尽快转移，分散离开的指示，经惠来县由陆丰县甲子港乘船到香港。后任《真话报》《新华南》编辑，东江游击队惠阳大队政委，东江抗日根据地东宝行政督导处主任，粤赣湘边东江行政委员会主任等职。新中国成立后，曾任广东西江行政专署专员、广东省民族事务委员会主任、中共广东省委统战部副部长、广东省政协副主席等职。

谭平山（1886—1956），广东高明人，中国共产党早期党员，广东共产党早期组织的主要创建人之一，曾任中共中央执行委员、国民党中央常委、共产国际主席团委员等职。1927 年 7 月 29 日和彭泽民、高语罕等人陆续抵达南昌，经前敌委员会决定参加前委会会议，任革命委员会主席团成员。南昌起义爆发后，谭平山率领革命委员会所属机关工作人员，撤离南昌，随军南下。起义失利以后，和贺龙、廖乾五一起乘船到香港，转入上海。1927 年 11 月初，被中共临时中央政治局扩大会议开除党籍。抗日战争爆发后，被聘为国民参政会参政员。新中国成立后，曾任全国人大常委会常委、政务院政务委员兼人民监察委员会主任、民革中央副主席等职。1950 年，南昌将建八一起义纪念塔，谭平山为此题词：保卫革命，建军开始。

谭甫仁（1910—1970），广东仁化人。1926 年参加北江农军学校学习。1927 年随北江农军参加南昌起义。起义军南下广东时，与主力部队失掉联系，在寻找部队时误入江西国民党军第二十七师，被编在该师第七十九团一营当兵。1928 年随军“进剿”井冈山，在新城战斗中被俘，参加工农革命军第四军。土地革命战争后，历任红十五军团第七十八师政治部主任、八路军第一一五师第三四四旅政治部副主任、八路军野战政治部组织部部长、第三四三旅政治委员、东北野战军第七纵队副政治委员等职。新中国成立以后，曾任广西军区政治委员、武汉军区政治委员、军委工程兵政治委员、昆明军区政治委员等职。1955 年被授予中将军衔。

参考文献

一、文献档案

1. 中央档案馆:《南昌起义(资料选辑)》,中共中央党校出版社 1981 年版。

2. 南昌八一起义纪念馆:《南昌起义》,中共党史出版社 2009 年修订版。

3. 中国社会科学院现代革命史研究室:《南昌起义资料》,人民出版社 1979 年版。

4. 中共中央党史研究室第一研究部:《共产国际、联共(布)与中国革命档案资料丛书》第七卷,中央文献出版社 2002 年版。

5. 中央档案馆、广东省档案馆:《广东革命历史文件汇集》(内部出版)。

6. 梅州市委党史研究室、大埔县委党史研究室:《三河坝战役史料选编》,1992 年内部印刷。

7. 中共中央文献研究室、中国人民解放军军事科学院:《周恩来军事文选》(第一卷),人民出版社 1997 年版。

8. 中共广东省委党史研究委员会、中共广东省委党史资料征集委员会:《红二、四师史料选编》,1984 年内部印刷。

9.《贺龙叶挺犯南昌》,《汉口民国日报》1927 年 8 月 3 日。

10. 朱其华:《一九二七年底回忆》,上海新新出版社 1933 年版。

11. 中国社会科学院新闻研究所主办:《新闻研究资料》1984 年 1 月总 23 辑。

12. 陈毅:《关于八一南昌起义》,《近代史研究》1981 年第 2 期。

13. 粟裕:《激流归大海——回忆朱德同志和陈毅同志》,《人民日报》1978 年 12 月 1 日。

14. 赵镕:《跟随朱德同志从南昌到井冈山》,《近代史研究》1980 年第 1 期。

15.《潮汕七日红:一九二七年红军到潮汕前后见闻》,《南方日报》1957 年 7 月 15 日。

16. 赵镕:《赵镕文集》，人民出版社 2017 年版。

二、回忆资料

1. 中共宝安县委党史办公室:《回忆红二师红四师》，广东人民出版社 1987 年版。
2.《聂荣臻回忆录》，解放军出版社 1983 年版。
3.《周士第回忆录》，人民出版社 1977 年 4 月版。
4. 张国焘:《我的回忆》，东方出版社 1998 年版。
5.《龚楚将军回忆录（上卷）》，香港明报月刊社 1978 年版。
6. 中共江西省委党史研究室:《亲历南昌起义》，江西人民出版社 2007 年版。
7. 朱德等:《星火燎原》第一集，人民文学出版社 1959 年版。
8. 郭沫若:《革命春秋》，人民文学出版社 1979 年版。

三、研究成果

1. 中共中央文献研究室:《周恩来年谱（1898—1949）》（修订本），中央文献出版社 1998 年版。
2. 中共中央文献研究室:《朱德年谱》（新编本），中央文献出版社 2016 年版。
3. 金冲及:《朱德传》，中央文献出版社 2000 年版。
4. 张侠:《南昌起义研究》，上海人民出版社 1982 年版。
5. 肖燕燕:《南昌起义人物研究》，江西人民出版社 2009 年版。
6. 刘松林、江铁军:《红军第二师第四师史》，广东人民出版社 1989 年版。
7. 黄道炫:《南昌起义深镜头》，江西美术出版社 2007 年版。
8.《八一南昌起义》编辑组:《八一南昌起义（图集）》，江西人民出版社 1977 年版。
9. 刘纪铭:《对周恩来率领南昌起义军南征的再认识》，《中共党史研究》2001 年第 2 期。
10. 郭文亮:《对南昌起义部队南下广东战略决策的两点看法》，《教学与研究》1987 年第 5 期。
11. 王琦:《1927 年汕头〈革命日报〉两则新史料》，《广东党史与文献研究》2019 年第 4 期。

后　记

作为南昌起义重要组成部分，起义军南下广东，与国民党军展开激烈战斗，书写壮丽诗篇，不仅推动了大革命失败以后广东革命形势的新发展，而且为其后的井冈山会师和中国革命新道路的形成保留了火种，这是一笔宝贵的精神财富。

为深入挖掘这笔宝贵财富，由中共广东省委党史研究室牵头，组成包括南昌八一起义纪念馆以及广东省梅州、汕头、潮州、汕尾、揭阳、惠州、韶关7市党史部门研究人员在内的“南昌起义军在广东图文集”课题组，开展相关研究。本书即由这一课题的结项成果编撰而成。作为以探寻起义军南下广东的史实、人物、遗址、精神等为主题的专门性著述，本书具有学术、存史、宣教多重功能。

对于南昌起义的研究，学术界虽已有不少成果，但对起义军南下广东这一段的涉猎却相对薄弱，尤其是缺乏全面系统的梳理。本书的出版，当是一种有益补充。就研究视角而言，学术界以往对起义军南下缺少全过程系统性考察，而只看到起义军的军事失利，并过分强调它的历史局限性，以致忽略了其为探索中国革命新道路所作出的贡献。本书有意识地纠正了这一倾向，坚持用史料说话，以图文叙事形式，进行了较为扎实的实证性辨析。

对于起义军南下广东沿途地方史料的搜集和整理，是本书一大特色。为此，课题组成员涵盖起义军南下经过的所有广东地市，以便对这些地市已刊和未刊历史文献进行全面挖掘与梳理，力争克服过去史料的搜集、运用或多或少局限于本区域之内的问题，并对同一史实的不同表述进行印证。书中既有关于起义军南下广东的总体概括和相关历史场域具体论述，厘清了一些有争议或模糊不清的史实，又充分利用广东新一轮革命遗址大普查成果，收录大量相关遗址的历史和现状图片，更从《南昌起义（资料选辑）》《南昌起义资料》《红二、四师史料选编》《三河坝战役史料选编》等权威史料及亲历者回忆文章中摘出相关史料附在每一章论述后面。总体上看，形式多样，内容丰富，可满足不同层次的读者需求，使读者能够全方位地了解起义军南下广东这段历史。

本书的出版，离不开中共广东省委党史研究室的大力支持，离不开参与这一课题的南昌八一起义纪念馆专家及梅州、汕头、潮州、汕尾、揭阳、惠州、韶关7市党史工作者的共同努力，离不开对本项课题提出宝贵意见的各方面专家学者的悉心指导。本书由谢涛设定编写框架并统稿，概述部分由南昌八一起义纪念馆刘小花执笔，各相关章节由莫春云、林运明、徐雪琴、邵文、沈翘、张羽佳、宋日文等分别完成，附录和参考文献部分由张丽红、叶浩豪整理编写，张丽红、叶浩豪参与了全书的核校工作。

由于编者自身水平和新发现的史料有限，加上计划中的实地调研未充分展开，本书存在着部分重要问题的讨论不深入，档案资料特别是国民党方面资料欠缺等不足之处，部分史实和表述也难免会有错漏，恳请广大读者批评指正。

编　者

2024年1月